biz osmanlıyız

YAVUZ BAHADIROĞLU

biz osmanlıyız

YAVUZ BAHADIROĞLU

Yayın Yönetmeni:
Selahattin Arslan

Editör:
Ömer Faruk Paksu

Mizanpaj:
Nurullah Bilekli

Kapak:
Mesut Sarı

Üretim:
Ali Osman Macit

ISBN: 978-975-269-145-2

Baskı:
Şubat 2012

Baskı-Cilt:
Nesil Matbaacılık
Beymer San. Sit. 2. Cad. No: 23
Yakuplu - Beylikdüzü / İstanbul
Tel: (0212) 876 38 68 pbx

NESİL YAYINLARI
Sanayi Cd. Bilge Sk. No: 2 Yenibosna
34196 Bahçelievler / İstanbul
Tel: (0212) 551 32 25 pbx
Faks: (0212) 551 26 59

İnternet: www.nesilyayinlari.com
e-posta: nesil@nesilyayinlari.com

© Fikir ve Sanat Eserleri Yasası gereğince bu eserin yayın hakkı anlaşmalı olarak Nesil Basım Yayın Gıda Tic. ve San. A.Ş.'ye aittir. İzinsiz, kısmen ya da tamamen çoğaltılıp yayınlanamaz.

biz osmanlıyız

YAVUZ BAHADIROĞLU

Yavuz Bahadıroğlu 1945 yılı başında Pazar (Rize) kazasına bağlı Hisarlı köyünde dünyaya geldi. 1971'de İstanbul'da gazeteciliğe başladı. Muhabirlik, araştırma-inceleme, röportaj ve fıkra yazarlığı yaptı. Gazete, dergi ve şirket yöneticisi olarak çalıştı.

Gazeteciliğini muhabir ve röportajcı olarak sürdürürken, Niyazi Birinci adıyla çocuklara yönelik eserler üretti. Yüzlerce çocuk romanı, hikâye yayınladı. Aynı dönemde bir günlük gazetede Şeref Baysal ve Veysel Akpınar isimleriyle köşe yazarlığı yaptı.

Asıl çıkışını tarihi romanlarıyla gerçekleştirdi. İlk romanı Sunguroğlu ve ardından yazdığı Buhara Yanıyor romanı ülkenin en çok satan kitapları arasına girdi. Genelde Osmanlı Devletinin çeşitli dönemlerini ele alan otuzu aşkın roman kaleme aldı. Yavuz Bahadıroğlu, roman, çocuk kitapları, hikâye, araştırmalar, oyunlar, film yapılmış senaryolar ve fikrî eserler olmak üzere yüzlerce çalışmaya imza attı. Yurt içinde ve yurt dışında çeşitli konularda binlerce konferans verdi, çeşitli kurum ve kuruluşlardan ödüller aldı, iki kitabı Kültür Bakanlığı tarafından yayınlandı. Halen ulusal çapta yayın yapan Moral FM radyosunda günlük yorumlar yapmakta ve bir günlük gazetede köşe yazarlığını sürdürmektedir.

Yazar, evli ve üç çocuk babasıdır.

YAVUZ BAHADIROĞLU

yavuzbahadiroglu@moralfm.com

BAŞLICA ESERLERİ

TARİHİ ROMANLARI
- Malazgirt'te Bir Cuma Sabahı
- Çakabey
- Selâhaddin Eyyûbî
- Buhara Yanıyor
- Elveda Buhara
- Merhaba Söğüt
- Cengâver
- Turgut Alp
- Sunguroğlu/10 Cilt
- Binatlı
- Topal Kasırga
- Sahipsiz Saltanat
- Mavi Yıldız
- Cem Sultan/1-2
- Endülüs'e Veda
- Şehzade Selim
- Şirpençe
- Mısır'a Doğru
- 4. Murat/1-2
- Ağalar Saltanatı

YAKIN TARİH ROMANLARI
- Dağlı
- Barla'da Diriliş
- Zindanda Şahlanış
- Kirazlımescit Sokağı
- Avukat Bekir Berk
- Sel
- Köprübaşı
- Kırım Kan Ağlıyor

GÜNCEL ROMANLARI
- Yolbaşı
- Boşlukta Yürümek
- Keşmekeş
- Yürek Seferi

FİKRİ ESERLERİ
- Hayatı Aşkla Yaşamak
- Eşim Çocuğum ve Ben
- Yaşam Bir Avuç Gül Bir Tutam Diken
- Gülü Arayan Adam
- Hayata Dilekçe
- Biz Osmanlıyız

BİYOGRAFİLER
- Canım Peygamberim
- Fatih Sultan Mehmed
- Yavuz Sultan Selim
- Kanuni Sultan Süleyman
- Bediüzzaman Said Nursî
- Osman Gazi
- Orhan Gazi
- I. Murad
- II. Murad
- Yıldırım Bayezid
- Çelebi Mehmed

İÇİNDEKİLER

Önsöz _____ 9
Hey gidi günler hey! _____ 12
Osmanlı insanı kıble yürekliydi _____ 17
Vakıf insan, vakıf devlet ve vakıf kültürü _____ 23
Muhabbet geleneğini ihya hasreti _____ 28
Osmanlı sofrası ve sofra âdabı _____ 32
Osmanlı'da eğlence kültürü _____ 36
Osmanlı'yı Osmanlı yapan tarihî vasiyetler _____ 41
Ufuklu insan olmak _____ 46
"Ahilik" ışığında yeni insan projesi _____ 50
"Adam gibi adam" yetiştirmek _____ 54
Bir Fatih nasıl yetişir? _____ 59
Mükemmel bir baba ve Fatihleşen bir evlât _____ 63
Fatih'i yetiştiren çevre _____ 66
Fatih'in hocaları _____ 69
Hedef ya da menzil _____ 74
İnsan+Hedef+Gayret=Zafer _____ 77
Kalıcı hedef belirleme ve Fatih örneği _____ 85
Karada yüzen donanma _____ 89
Rum efsaneleri ve Fatih'in amacı _____ 92
Bizans neden yıkıldı? _____ 95
"İyi yönetici"ye sahip olmanın yolu _____ 98
Avrupa Rönesans'ı, Fatih'in Bizans'ı fethiyle başlar _____ 101
Fransa bize hayranlık duyardı _____ 104

Hedef sahibi insan olmak? _____ 107
Başarıya ulaşmada Mimar Sinan örneği _____ 111
Şeyhülislâm Ebussuud Efendi _____ 115
İbret aynasında zaman _____ 118
"İşte hak, işte salâhiyet!" _____ 123
İnebahtı yenilgisinden güncel dersler _____ 127
Haram yiyen haramî olur _____ 130
Sultan İbrahim deli miydi? _____ 133
Osmanlı padişahları diktatör müydü? _____ 137
"Eşitlik" kavramı ve padişahın yetkileri _____ 141
Osmanlı'da kuvvetler ayrılığı prensibi _____ 152
Osmanlı demokrasisi _____ 156
"Adalet mülkün temelidir" _____ 161
Osmanlı'da sivil otoriteyi tesis örneği _____ 164
İşçi hakları, grevler ve Osmanlı örneği _____ 168
Ne idik, ne olduk, nereden nereye geldik? _____ 172
Yürekler tutuşmadan denizler tutuşmaz _____ 178
Beşikten mezara kadar "sanat" _____ 182
Baltacı Mehmet Paşa ve Katerina Olayı _____ 186
Bir "günah"ın anatomisi _____ 190
Padişahlar neden yabancı kadınlarla evlenirlerdi? _ 195
Osmanlılar Alevîleri ezdi mi? _____ 199
Osmanlı, Amerika'dan vergi alırdı _____ 202
Dün bugündür _____ 205
Çanakkale Zaferi'nin anlamı _____ 209
Sultan Vahideddin _____ 219

Âmâlimiz, efkârımız ikbâl-i vatandır,
Serhaddimize kal'a bizim hâk-i bedendir,
Osmanlılarız, ziynetimiz kanlı kefendir...

Kavgada şehadetle bütün kâm alırız biz,
Osmanlılarız, can veririz nâm alırız biz!

—Namık Kemal

ÖNSÖZ

MALAZGİRT'TE ALPARSLAN'IN üzerine yürüyen Bizans ordusunda bulunanların ortak adı "düşman"dı; Selçuklu ordusunun içinde yer alan Türk, Kürt, Laz, Çerkez, Abaza, Arnavut vs. gibi etnik unsurların ortak adı ise "kardeş"ti...

Kosova'da, Niğbolu'da, Varna'da, Preveze'de olanlar da hiç farklı değildi. "Kardeş"ler, "düşman"la savaşıyor, savaş sonrasında ise ortak zaferin tadını çıkarıyorlardı...

Zafer çizgisi günün birinde Çanakkale'ye dayandı. Çanakkale sırtlarında yine Türkler, Kürtler, Lazlar, Çerkezler, Abazalar, Arnavutlar; kısacası, bin yıllık tarih yolunu yalnız el ele değil, aynı zamanda yürek yüreğe yürümüş "kardeş"ler vardı... "Düşman" ise bu kez İngiliz-Fransız suretinde gelmişti.

Dünyanın en etkili toplarıyla donatılmış dünyanın en güçlü zırhlıları, Çanakkale sırtlarına siperlenmiş "kardeş"lerin imanını delmek için üzerlerine ateş yağdırırken,

Çanakkale'yi savunanların etnik kimliklerini merak etmiyordu.

Ayrıca hiç kimse kendi etnik kökeninin derdinde, davasında değildi...

Bu savaş, "Çanakkale'yi geçmeye geldik" diyenlerle, "Çanakkale'yi geçirtmeyeceğiz" diyenlerin savaşıydı.

"Düşman" Çanakkale'yi geçemeyecek, İngiliz amirallerinden biri, "Çanakkale'de Osmanlı insanının ortak imanına tosladık, onurumuz kırıldı" diyerek "Çanakkale gerçeği"ni ifade edecekti.

Bugün için Çanakkale yalnızca tarihimizin bir parçası değil, bu coğrafyada binlerce yıl birlikte yaşama maharetini sergilemiş insanımızın ortak yaşama azmidir.

İnsanımız bu kararlılığını en son Sakarya'da kanıyla imzalamıştır.

Tüm bu başarı ve zaferlerin özünde "iman kardeşliği" ile "Osmanlılık bilinci" yatmaktadır.

Bu derin idrakin mirasçıları olan bizler, yıllar sonra, kendimizi etnik kökenlerimize göre tasnif edip, şahsî tercihimizle edinmediğimiz bu farkı, ayrımcılığın temeline dönüştürmek gibi bir hataya sürüklendik.

Birlik öğelerini ıskalayıp yapay kavga ve kargaşa ortamları oluşturduk.

Bir bakıma, Çanakkale ve Sakarya'daki ortak iradeyi aşamayanların oyununa geldik.

Bu kasnağın kırılması, bin yıllık birliğimizin odak noktasını tekrar hayata geçirmemizi zaruri kılıyor...

Bence insanımız, iç ve dış dünyaya tarihsel gerçeğini ortak üslup içinde artık haykırmalı, "Biz Osmanlıyız" diyerek, varlığını "eskimez yeni"de aramaya çıkmalıdır.

Bu sadece bizim toplumsal zaruretimiz değil, aynı zamanda da bireysel mecburiyetimizdir.

Çünkü dillere destan yardımseverliğimizde, tarihi dayanışma ruhumuzda, mütevazı duruşumuzda, komşuluk anlayışımızda; kısacası bizi "örnek millet" yapan özelliklerimizde aşınmalar ve kopukluklar var.

Onları yeniden kazanabilmek için de "Biz Osmanlıyız" demeye muhtacız. Böylece belki kadim yürek ritmimizi yeniden yakalar, o ritimde birbirimizle bütünleşerek güçleniriz.

Bir şey daha: Osmanlıların çekildiği topraklar bugün yalnızca hüzün üretmiyor, aynı zamanda kan ve gözyaşı üretiyor...

Filistin'le Afganistan kısmî bir işgalin, Irak ise acımasız bir istilânın kıskacında kıvranırken, Balkanlar ateş çemberinde yaşamaya çalışıyor...

Cezire-i Arap, Birinci Dünya Savaşı sonrasında İngiliz hâkimiyetinin kendi çıkarı çerçevesinde oluşturduğu yapay sınırların gerisinde huzursuz...

Vaktiyle her anlamda hayata önderlik eden İslâm dünyası, Osmanlı'nın hayattan çekildiği tarihten beri insanlık âlemine hiçbir katkı yapmadan, kendi varlığını dahi devam ettirmekte zorlanarak yalpalıyor.

Yani şartlar ve her şey, Osmanlılığı hasrete dönüştürdü...

Artık Osmanlı olmak, bir etnisiteye (etnik köken) dayanmak değil, kucaklayıcı ve kuşatıcı bir sevgi ekseni etrafında yürekleri bütünlemektir.

İşte o zaman, iç huzuru içinde, "Hoşgeldin şanlı dirilişimiz" diyebileceğiz.

Bu eser böyle bir hasretin seslendirilişidir.

Yavuz Bahadıroğlu
01.02.2006, İstanbul

HEY GİDİ GÜNLER HEY!

HİÇ ÖZLENMEZ Mİ O GÜNLER?
Faziletliydik...

Kimsenin malına, mülküne göz dikmezdik. Kimsenin namusuna yan bakmazdık. Hırsızlık nedir bilmez, dilenciliği meslek edinmez, kimseyi de küçümsemezdik.

Dürüsttük...

Bir zamanlar Londra Ticaret Odası'nın en görünür yerinde şu mealde bir tavsiye levhası asılıydı: "Türklerle alışveriş et, yanılmazsın!"

İtibarlıydık...

Bir zamanlar Hollanda Ticaret Odası'nın toplantılarında oylar eşit çıkınca Osmanlılarla alışverişi olan tüccarın oyu iki sayılır, onun dediği olurdu.

Temizdik...

Yere bile tükürmezdik. Hatta, Osmanlı askerî teşkilatını Avrupa'ya tanıtmasıyla meşhur Comte de Marsigli, yere tükürmedikleri için atalarımızı şöyle eleştiriyor:

"Türkler hiçbir zaman yere tükürmezler. Daima yutkunurlar. Bunun için de saçlarında sakallarında bir hararet olur ve zamanla saçları, kaşları, sakalları dökülür."

Çevreciydik...

Kurak günlerde ücretle adamlar tutup sokaktaki ulu ağaçları sulatır, göçmen kuşların yorgunluk atması için saçak altlarına kuş sarayları yapardık.

Bunlara öyle çok örnek var ki, saymakla bitmez.

Harama el sürmezdik...

Fransız müellif Motray 1700'lerdeki halimizi şöyle anlatıyor:

"Türk dükkânlarında hiçbir zaman tek meteliğim kaybolmamıştır. Ne zaman bir şey unutsam, hiç tanımadığım dükkâncılar arkamdan adam koşturmuşlar, hatta birkaç kere Beyoğlu'ndaki ikametgâhıma kadar gelmişlerdir."

Medeni idik...

İngiliz sefiri Sör James Porter ise 1740'ların Türkiye'si için şunları söylüyor:

"Gerek İstanbul'da, gerekse imparatorluğun diğer şehirlerinde hüküm süren emniyet ve asayiş, hiçbir tereddüde imkân bırakmayacak şekilde ispat etmektedir ki, Türkler çok medeni insanlardır."

Dosdoğruyduk...

Fransız Generallerden Comte de Bonneval ise şu hükmü veriyor:

"Haksızlık, murabahacılık, inhisarcılık ve hırsızlık gibi suçlar, Türkler arasında meçhuldür. Öyle bir dürüstlük gösterirler ki, insan çok defa Türklerin doğruluklarına hayran kalır."

Hırsızlık nedir bilmezdik...

Fransız müellif Dr. Brayer 1830'ların İstanbul'unu getiriyor önümüze:

"Evlerin kapısının şöyle böyle kapatıldığı ve dükkânların çoğunlukla umumî ahlâka itimaden açık bırakıldığı İstanbul'da her sene azami beş-altı hırsızlık vak'ası ancak görülür."

Ubicini Dr. Brayer'i şöyle doğruluyor:

"Bu muazzam payitahtta dükkâncılar, namaz saatlerinde dükkânlarını açık bırakıp camiye gittikleri ve geceleri evlerin kapısı basit bir mandalla kapatıldığı hâlde, senede dört hırsızlık vakası bile olmaz. Ahalisi sırf Hıristiyan olan Galata ile Beyoğlu'nda ise hırsızlık ve cinayet vak'aları olmadan gün geçmez."

Naziktik...

Edmondo de Amicis isimli İtalyan gezgini yine 1880'lerin "biz"ini anlatıyor bize:

"İstanbul Türk halkı Avrupa'nın en nazik ve en kibar insanlarıdır. Sokakta kavga enderdir. Kahkaha sesi nadirattan işitilir. O kadar müsamahakârdırlar ki, ibadet saatlerinde bile camilerini gezebilir, bizim kiliselerde gördüğünüz kolaylığın çok fazlasını görürsünüz."

Cihana örnektik...

Türkiye Seyahatnâmesi'yle meşhur Du Loir'ın 1650'lerdeki hükmü şöyle:

"Hiç şüphesiz ki, ahlâk bakımından Türk siyasetiyle medeni hayatı bütün cihana örnek olabilecek vaziyettedir."

Şefkatimiz yalnızca insana yönelik değildi; hayvanları, hatta bitkileri bile kapsıyordu.

Hayata karşı saygılıydık...

Bu konuda dilerseniz Elisee Recus'u dinleyelim, bize 1880'lerdeki halimizi anlatsın:

"Türklerdeki iyilik duygusu hayvanları dahi kucaklamıştır. Birçok köyde eşekler haftada iki gün izinli sayılır."

Hayırseverdik...

Comte de Marsigli'yi tekrar dinleyelim:

"Yazın İstanbul'dan Sofya'ya giderken dağlardan anayol üzerine inmiş köylülerin yolculara bedava ayran dağıttıklarına şahit oldum."

Aynı müellif, ceddimizin hayırseverlikte fazla ileri gittikleri kanaatindedir. Şöyle diyor:

"Fakat şunu da itiraf etmeliyim ki, bu dindarane hareketlerinde biraz fazla ileri gitmektedirler. İyiliklerini yalnız insan cinsine hasretmekle kalmayıp hayvanlara ve hatta bitkilere bile teşmil ederler."

Bu tespiti İslâm ve Türk düşmanı Avukat Guer misallendiriyor:

"Türk şefkati hayvanlara bile şamildir" dedikten sonra şu örneği zikrediyor:

"Hayvanları beslemek için vakıflar ve ücretli adamları vardır. Bu adamlar sokak başlarında sahipsiz köpeklere ve kedilere et dağıtırlar. Sokaktaki ağaçların kuraklıktan kurumasını önlemek için bir fakire para verip sulatacak kadar kaçık Müslümanlara bile rastlamak mümkündür."

"Kaçık"lığın kaynağını da veriyor adam:

"Birçokları da sırf azat etmek için kuşbazlardan kuş satın alırlar. Bunu yapan bir Türk'e bir gün yaptığı işin neye yaradığını sordum. Küçümseyerek baktı ve şu cevabı verdi: 'Allah'ın rızasını tahsile yarar.'"

Galiba geçmişimizden uzaklaşmak bize çok pahalıya patladı. Yahya Kemal Beyatlı'nın bir tespitiyle noktalayalım:

"Eski Türklerin bir dinî hayatları vardı, dinî hayatları olduğu için de çok şeyleri vardı; yeni Türklerin de dinî hayatları olduğunda çok şeyleri olacak."

OSMANLI İNSANI KIBLE YÜREKLİYDİ

ALİBA 1968 YILIYDI. Köyde bir ev yapıyorduk. Rahmetli babam "İlle de kıble," diye tutturmuştu, "evin cephesi mutlaka kıbleye bakmalı..."

Hâlbuki arsa, cepheyi o şekilde döndürmemize fazla izin vermiyordu...

Bunu rahmetli babama anlattıktan sonra, "Maksat yüreğimiz kıbleye dönük olsun, cephenin kıbleye dönük olup olmaması o kadar da önemli değil" dedim.

Sert sert, ters ters yüzüme baktı ve ne cevap verdi biliyor musunuz?

"Cephesi kıbleye dönük olmayanın yüreği kıbleye dönmez! Bu yüzden önce evi kıbleye döndürmek lâzım."

Büyüyüp Osmanlı insanını tanımaya merak sarınca, rahmetli babamın tam bir "Osmanlı" gibi düşündüğünü anladım ve ruhundan özür diledim.

•••

Bilmiyorum ama, Osmanlı insanının çoğunun "kıble yürekli" olmasının hikmeti, belki de evlerini kıbleye dönük inşa etmeleriydi.

Her Osmanlı evinin cephesi mutlaka kıbleye dönük olurdu. Yabancı konuklar namaz öncesi kıble arama, sorma zahmetine katlanmadan evin geniş cephesine döner, "Durdum kıbleye, Allahü Ekber!" diye tekbir alırlardı.

Cephesi kıbleye dönük evlerde yaşayanların yürek pusulaları da kıbleyi gösterirdi. (Cephemiz karışınca kıblemiz tümden karışmasa bile kafalarımız iyice karıştı; kimliksizleştik.)

Osmanlı evlerinin giriş kapıları bile Osmanlı'nın başkalarını düşünen ve tanısın tanımasın, dara düşen herkese yardım ulaştırmayı amaçlayan "infak (paylaşma, bölüşme)" ahlâkının bir yansımasıydı.

"Yardım" aşkıyla giriş kapısının üstünü geniş bir çatı ile kapatırlardı.

Bu çatı gerçekten de tamamen "yardım aşkıyla" yapılırdı. Çünkü bu çatı, ev sahiplerinden çok, yağmurdan ve güneşten korunmak isteyen yorgun insanlara hizmet verir, altına sığınıp dolu dizgin yağmurdan ya da yakıcı güneşten korunurlar, sonra da ev sahiplerine dualar ederek giderlerdi.

Bazen ev sahipleri, kendi saçaklarına sığınanları "Tanrı misafiri" sayar, içeri buyur eder, karnını da doyurduktan sonra yoluna uğurlarlardı.

Tek cümle ile, Osmanlı'da hayat "muavenet", yani yardımlaşma idi.

Yaralı göçmen kuşlara evlerinin saçak altında "kuş evi" yapmayı akıl eden yardım ahlâkı, elbette hayatın özü ve özeti olan insana karşı böylesine mehabetli, aşk yüklü, sevda dolu bir yaklaşım sergileyecekti.

Osmanlı kültüründe, insan hayatın merkeziydi ve Bediüzzaman'ın deyişiyle, "her şey ona musahhar"dı.

Osmanlı kapılarının tokmakları bile başlı başına bir kültürdü ve Osmanlı insanının sosyal hayata bakışının bir simgesiydi.

Osmanlı insanı hayata "helâl" ve "haram" perspektifinden bakardı. Kapı tokmakları da bu hassasiyeti yansıtırdı.

Tokmaklar iç içe iki demir halkadan oluşurdu. Dış halka daha tok ses çıkardığından erkekler için, ondan daha ince ses çıkaran iç halka ise kadınlar içindi. Eve gelen erkek misafir dış halkayı, kadın misafir ise iç halkayı kullanarak ev sahiplerine cinsiyetleri konusunda bilgi verirlerdi.

Ev sahibi de tokmakların sesine göre kendisini ayarlar, gelen erkekse ona göre giyinip kapıya çıkardı.

Dış kapı bir avluya açılırdı. Avlular çocuklarla kadınların "özgürlük alanı"nı oluştururdu. Çocuklar, avlularda hoplayıp zıplayarak enerji tüketirken; kadınlar güller, çiçekler ve meyve ağaçları arasında dolma doldurur, sarma sarar, sohbet eder, onlar da kendi açılarından hayatın stresinden arınırlardı.

Önce avluya girilirdi. Bazı avluların bir kenarında pekmez yapılan şırahane, kilim veya bez dokuma atölyeleri yer alırdı.

Başka bir köşede ocak, çamaşır taşı, dibek taşı, fırın, çeşme veya kuyu vardı.

Avlu yeteri kadar genişse bir kıyısında sebze de yetiştirilirdi.

1835'te İstanbul'a gelen Miss Julia Pardoe, Osmanlı evlerinin avluları için, "Keşke Shakspeare, Romeo ve Juliet'in bahçe sahnesini yazmadan önce buraları görmüş olsaydı" demişti.

Ayrıca evler başkalarının avlularını göremeyecek şekilde konumlandırılırdı.

•••

"Osmanlı insanı" dediğimiz zaman hem bir şefkat manzumesini hatırlamalıyız, hem de bir cesaret âbidesini... Onların hepsini olmasa bile, bir çoğunu "yürek adam" olarak tanımlamak mümkündür!

"Yürek adam" formasyonundan son derece mahrum bulunduğumuz, ama son derece büyük bir iştiyakla da ulaşmak istediğimiz o hasrete acaba nasıl ulaşabiliriz? Bunun için sihirli bir formül yok; hatta bunun bir formülü de yok. Yönetimin, mahallenin, ailenin, eğitim sisteminin ve toplumun bu konuda bir "ortak niyet" belirlemesi gerekir.

"Yürek adam"ların yetişmesinde sokaklar kadar mahallelerin, eğitim sistemi kadar yaşanan evlerin rolü var. Meselâ sayısız "yürek adam"ın yetiştiği Osmanlı evleri sözün tam anlamıyla "yaşanacak mekânlar"dı ve evin tamamı kullanılırdı. Gösterişe açılan tek bir kapısı bile yoktu. Her kapı insana açılır, her bölüm insanın kendini huzurlu ve mutlu hissedeceği şekilde tasarlanırdı.

Osmanlı evinin odaları yüksek tavanlıydı. Tavanın yüksek oluşu insan ruhunu hem yüceltir, hem de ruha ferahlık ve sükûnet verirdi. (Alçak tavanlı "daire"lerde ruhumuz bunalıyor, depresyona giriyoruz.)

Evlerin pencereleri karşılıklı birbirine açılırdı. Komşular pencereden pencereye "sohbet" eder, birbirlerine karşı muhabbetlerini artırırlardı. Ayrıca evde biten herhangi bir şeyi komşudan istemenin en kestirme yolu yine bu pencerelerdi: "Hû komşu, misafir geldi de bir içimlik kahveniz var mı?" diye başlayan sohbetler genelde koyulaşır, vakti unutturur, ama komşuluğu da ilerletirdi. (Evler üst üste binip "apartman" olduğundan beri balkon kapıları halı-kilim silkme kavgasına açılıyor, komşuluk da gitti gidiyor.)

Tek veya çift katlı olan Osmanlı evlerinin bir tarafı, genellikle sokak ya da caddeye bakardı.

Alt katta kışın oturulan bir oda, mutfak, kiler ve ambar yer alırdı. Alt kattan üst kata çıkışlar ahşap merdivenle sağlanırdı. Üst katta "divanhane" (buna baş oda diyebiliriz), haremlik (kadınların bulunduğu bölüm), selâmlık (erkeklerin bulunduğu bölüm) olurdu.

Bazı evlerde ise bir "yaz odası" (evin nispeten daha serin olan bölümü) bulunurdu.

Merdiven başındaki geniş mekânın adı "sofa" idi. Sofadan odalara geçilirdi. Odalardan birinin sokağa bakan ve hane halkının dışarıyı görebilmesini sağlayan bir çıkması olurdu. Buna "köşk" denirdi.

Üst kat pencereleri "cumba"lı olup dışarıdan içerisi görünmeyecek şekilde kafeslenmişti. Kafesler, içeriden dışarıya bakanları değil, dışarıdan içeriye bakmak isteyenleri sınırlardı.

Odaların hemen hepsinde ısınmak, yemek pişirmek ve hatta aydınlanmak için birer ocak bulundurulurdu. Bir de odalarda yatak ve yorganların konduğu bir "yüklük" vardı. Yüklüğün bir köşesi banyo olarak kullanılırdı. (Asıl yıkanma yerleri, sıhhî olduğu da kabul edilen şehir hamamlarıydı.)

Osmanlı ailesi sofra bezi ya da "sini" denilen büyük bakır tepsi üzerinde yemek yer, yemek yediği mekânda oturur, gece olunca da yatakları serip uyurdu. Sabah yatakları kaldırıp hayatına devam ederdi. Odalar hemen hemen mobilyasızdı.

Yani evin her köşesi insana tahsis edilmiş, insanın yaşam alanı eşya ile sınırlandırılmamıştı. Bu da o mekânlarda yaşayanları rahatlatan bir faktördü. (Şimdiki evlerde insanın değil, eşyanın saltanatı var.) Mobilya yerine, pencere kenarlarında divan ve sekiler, yerlerde çoğu zaman kilim, bazen halı ve yer minderleri bulunurdu.

Mimari anlayış tamamıyla Osmanlı insanının hayat görüşünün bir yansımasıydı. Evlerini kendi faniliklerini simgelercesine, kireç ve kerpiç gibi dayanıksız malzemelerden yaparken, cami, çeşme, kervansaray, hastane gibi hayır kurumlarıyla devlet binalarını, sağlamlığın sembolü olan taş malzemeyle yaparlardı. (Günümüzde ise depremlerde önce kamu binaları yıkılıyor.) Bu yansımanın bir boyutu "devlet-i ebed müddet" anlayışı, diğer boyutu ise "hayırda ebedileşme" arayışıydı.

Dışarıdan bakıldığında, zengin eviyle fakir evini ayırt etmek pek mümkün değildi. Bu da, bugün pek çok çatışma alanı oluşturan sınıflar arası farkın, Osmanlı toplumunda yok denecek kadar az olduğunun ilginç bir göstergesidir.

Osmanlı evlerini gayrimüslim evlerinden ayıran bir özellik var: Bir Batılı gezgin, bu özelliği şöyle açıklıyor: "Türklerle Rumların karışık yaşadığı köylerde, bacasında leyleklerin yuva yaptığını gördüğünüz her ev bilin ki Türk evidir. Çünkü onlar leylekleri rahatsız etmenin günah olduğuna inandıkları için ateş yakmazlar."

Kısaca söylemek gerekirse, Osmanlı evleri içe dönük, ama dışa kapalıydı. Bu yapılanma hem İslâmî aile yapısının hassasiyetiyle, hem de aileyi ve çocukları dış etkilerden korumayla ilgilidir.

Bu evlerde ve ortamlarda yetişen isimleri hatırlarsak, mekânın ve ortamın, çocuk yetiştirmede ne kadar önemli olduğunu anlayabiliriz.

İnsan "tesadüfen" yetişmez!

VAKIF İNSAN, VAKIF DEVLET VE VAKIF KÜLTÜRÜ

*M*ALÛM... HEM DİNÎ, hem de millî kültürümüzün temelinde "eşref-i mahlukat" olarak "insan" var. Medeniyet anlayışımıza, "Her şey insan için" görüşü hâkimdir.

Bu merkezde eğitilen Osmanlı insanı din, dil, renk, ırk farkı gözetmeksizin insanlara hizmeti ibadet telakki etmiş, "İnsanların en hayırlısı, insanlara faydalı olandır" prensibi içinde, hayırda yarışmış, bu ulvî ve küllî yarışın bir sonucu olarak da, büyük hayır müesseseleri (vakıflar) vücuda getirmişler...

Osmanlı'da vakıf müesseselerin bolluğu ve yaygınlığı "hayır"da yarışın ne denli büyük bir toplumsal heyecan dalgası oluşturduğunu gösteriyor.

Rahatlıkla diyebiliriz ki, Osmanlı insanı, "İnsanların en hayırlısı insanlara faydalı olan, malın en hayırlısı Allah yolunda harcanan, Allah yolunda harcananın da en hayırlısı halkın en çok ihtiyaç duyduğu şeyi karşılayandır" anlayışı çerçevesinde, hayatını yaradılış hikmetine hizmete vakfetmişti.

Devlet, insanının bu ulvî çabasından öylesine etkilendi ki, bizatihi kendisi devasa bir vakfa dönüşüp din, dil, renk, ırk, kıyafet farkı gözetmeksizin, tüm gücünü, yönettiği insanların hizmetine sundu. Çünkü hayatın merkezi insandır. Bediüzzaman'ın deyişiyle, "Kâinat hayata, hayat insana bakar."

Vakıf müesseseleri ise insana (ve tabii ki hayata) duyulan sevgi ve saygının kurumlaşmış hâlidir.

Böyle müesseseler düşünebilmek için, insanın yaradılış hikmetini kavraması gerekirdi. İnsanın yaradılış hikmetini en iyi anlatan kitap Kur'an olduğuna göre, insana hizmeti pek tabii Müslümanlar kurumlaştıracaklardı. Böylece Müslüman yüreklere vakıf fikri doğdu ve kısa sürede kültüre dönüştü.

Bir kişinin malını-mülkünü hiç tanımadığı insanların hizmetine sunması, insanı tüm teferruatı ve kıymetiyle kavramakla mümkündür! Belli ki bu idrak Osmanlı insanında mevcuttu. Şuradan belli ki, yirmi altı binden fazla vakıf kurdular.

Bunlardan bazıları hayvanlara ve bitkilere yöneliktir ki, Ortaçağda böyle bir çevre bilincinin oluşmasını takdirle anmamak imkânsızdır.

Osmanlı'da ilk vakıf Orhan Gazi tarafından vücuda getirildi. (Osmanlı, vakıf müessesesini kendinden önceki doğru bazı uygulamalardan aldı. Ancak onları yeniden inşa edercesine geliştirdi.) Orhan Gazi, İznik'te ilk Osmanlı medresesini (üniversitesini) kurarken, üniversitenin ilmî özerkliğini (evet o çağda bilimsel özerklik düşünülmüştü) devam ettirebilmesi için gereken ekonomik bağımsızlığı temin konusunda bir kısım gayrimenkuller de vakfetmişti. Böylece Osmanlı'da vakıflaşma süreci başlıyordu. Bu sürecin nasıl işlediğini göstermesi açısından Fatih'in bir vakfiyesini özetlemek istiyorum:

"Ben ki İstanbul fatihi abd-i aciz (aciz kul) Sultan Mehmed Han'ım! Bizatihi alnumun teriyle kazanmış olduğum akçelerumle (paramla) satun alduğum İstanbul'un Taşluk Mevkii'nde kaim (bulunan) ve malûmu'l-hudut olan (sınırları belli) yüz otuz altı bap dükkânımı aşağıdaki şartlar muvacehesinde vakf-ı sahih eyledum. İş bu gayr-i menkulatumdan (dükkânlardan) gelicek nemalardan (gelirlerden) İstanbul'un her sokağına ikişer kişi tayin eyledum. Bunlar, ellerinde bir kap içerisinde kireç tozu ve kömür külü karışımı olduğu hâlde günün müteaddit saatlerunde sokakları gezeler. Tükrüklerin üzerine bu tozu dökeler (kirecin mikrop öldürücü etkisini unutmayalım) ki, yirmişer akçe alalar...

"Ayrıyeten, on cerrah (operatör), on tabib (doktor) ve üç de yara sarıcı (hemşire-sağlık memuru) tayın eyledum. Bunlar dahi, ayın belli günlerinde İstanbul'a çıkalar, bila-istisna (istisnasız) her kapuyu vuralar ve o hanede hasta olup olmadığun soralar, hasta var ise ve şifası mümkin ise şifayap edeler; (evde tedavi etsinler) değilse kendulerunden hiçbir karşıluk beklemeksızın dârülacezeye (yoksullar bakımevine) kaldırarak orada salah bulduralar (iyileştirsinler).

"Maazallah (Allah korusun) İstanbul'da et buhranı çıkacak olur ise vakfittuğum yüz adet tüfengi ehline (avcılara) vereler. Bunlar, hayvanat-ı vahşiyenin (av hayvanlarının) yumurtada ve yavruda olmadığı sırada balkanlara (dağlara-ormanlara) çıkub avlanalar ki, zinhar (kesinlikle) hastalarumuz gıdasuz (proteinsiz) kalmasunlar. Ayrıyeten, külliyemde bina ve inşa ittuğum imarethanede şehit ve şühedanın harimleri (şehit aileleri) ve İstanbul fukarası yemek yiyeler...

"Ancak, yemek yemeye veya almaya bizatihi kenduleri gelemeyecek vaziyette olanlarun yemekleri günün loş karanlığında kimse görmeden (bu da muhtaç insanı incitmemeye yönelik vicdani bir hassasiyet) kapalı kaplar içerusunda evlerine götürüle..."

Böyle bir inceliği gösterebilmek insanı salt madde olarak değil, ruh ve madde olarak tümüyle kavrayabilmeyi gerektirir. Belli ki ceddimiz, "insan" denen mükemmelliği bütün hikmetiyle kavramıştı.

Öyleyse şunu rahatlıkla söyleyebiliriz ki, "vakıf", sevginin öteki adı olmanın yanı sıra, "insan"ı kavrayan "hikmet"in de öteki adıdır. Zaten bu yüzden "Müslüman"dır.

•••

Lüks, ihtişam, gösteriş gibi dünyaya yönelik kavramlar, inancımızın bir parçası olmadığı gibi, kültürümüzün, medeniyetimizin ya da tarihimizin de bir parçası değil. Biz eskiden böyle yaşamazdık, lüksümüz, tantanamız yoktu.

Eski Müslümanlar, oturdukları muhitin malî durumuna uygun bir hayat tarzını tercih ederlerdi. Gösterişe kaçmazlardı.

Diyelim ki Fatih'te yaşayan varlıklı bir Müslümanın yediği, giydiği genelde Fatihlilerin yediğinden, giydiğinden çok az farklıydı.

Bu farkı da çevrelerindeki fakirleri doyurarak, muhtaçlara yardım eli uzatarak kapatırlardı. (Özellikle Ramazan ayında devlet önderlerinin konakları sabaha kadar açık olur, isteyen yer içer, üstüne bir de "diş kirası" alırdı.)

Osmanlı toplumu, sözün tam manasıyla bir "sevgi, şefkat ve yardım toplumu"ydu. Devlet, "hayat ve hayrat devleti", insan "hayrat ve hasenat insanı"ydı. Komşu açken tok uyumayı Peygamber dergâhından kovulma anlamına alır ve çevresine elinden gelen her türlü yardımı yapardı.

Selâtin camilerinin bir köşesinde bulunan "Sadaka Taşı"na zenginler, özellikle kutsal gecelerde sadakalarını bırakır, fakirler gece yarısı sonrasında aynı taşı ziyaret edip, kimseye gözükmeden ihtiyaçları kadarını alırlardı. Ne veren alanı tanırdı, ne alan vereni... Böylece kimse kimsenin minneti altına girmezdi.

Vakıf anlayış sistemleşmiş, tüm devlet ve millet neredeyse "vakıf devlet", "vakıf millet" statüsü kazanmıştı.

Borçtan dolayı cezaevine düşen birinin borçlarını mahalleli ödemek suretiyle onu kurtarıyor, kışın kömürsüz kalanlara ismi meçhul bir zengin kömür gönderiyor, mahalle bakkalının borç defteri, belli bir sayfadan belli bir sayfaya kadar ödeniyordu.

Ve bu hayır sahipleri kendilerini özenle gizliyorlardı.

Başta zekât-fitre olmak üzere, yaygın yardım kurumları toplumsal barışın da dinamosuydu. Bunu yitirince barışı da yitirdik.

Özelliklerimiz, güzelliklerimiz git gide kayboldu. Bugün de zaman zaman muhtaçlara yardım ediyoruz, ama sanki yardımlarımız, eskisine nispetle, biraz gösteri, biraz da gösteriş kokuyor.

Çünkü artık hayatımızı inançlarımız değil, gösteriş tutkumuzla ticari, sosyal, siyasal kaygılarımız biçimlendiriyor.

Bu durumda tabii ki altta kalanın canı çıkıyor.

Sonuç, "sende var, bende yok" hasedi ve ardından kavga...

MUHABBET GELENEĞİNİ İHYA HASRETİ

*S*EVGİ VE BİLGİ KATILMIŞ SOHBETE "muhabbet" derler. Osmanlı ceddimizin, sevgi, bilgi, şefkat, dostluk, paylaşım gibi, bugün çoğunu unuttuğumuz kavramlardan oluşan bir "muhabbet" geleneği vardı.

Eski kahvehaneler bile bu geleneğe hizmet ederdi. Şu deyiş meşhurdur:

Gönül ne kahve ister, ne kahvehane
Gönül sohbet ister, kahve bahane.

Varlıklarıyla bugün bile övündüğümüz Osmanlar, Orhanlar, Muradlar, Yıldırımlar, Fatihler, Süleymanlar, Sinanlar, Barbaroslar, hep o "muhabbet" ekseninde yetişmiş değerlerdir.

Çünkü muhabbetin hem insan ruhunu pişirip olgunlaştırmak, hem de sevgi paylaşımıyla yürekleri bütünlemek gibi özellikleri var.

Çocuklar dokuz-on yaşlarındayken muhabbet sofrasına alınır, on dördüne bastıklarında soru sorma hakkı tanınır, on dokuzundan sonra da görüş bildirmelerine müsaade edilirdi.

Çocuklar aile ve toplum içinde kendilerini ifade etmeyi böylece öğrenirlerdi.

Aile bireyleri birbirlerini muhabbet sofrasında keşfeder, büyükler küçüklere deneyimlerini aktarırken küçükler büyüklerine kendi dünyalarını yansıtırlar, zamanın kuşaklar arasına girmesinden oluşan dil farklarını giderirlerdi.

Büyükler küçüklerin kullandığı dili, küçükler büyüklerin kullandığı terminolojiye âşina hâle gelirlerdi.

Dil, ayırıcı bir özellik olarak kuşakların arasına girmez (şimdi olduğu gibi), birleştirici ve bütünleştirici bir rol oynardı.

Yani, kuşaklar (nesiller) arası kopukluğu önlemesi sohbet meclisinin en önemli işleviydi. Farklı kuşaklar aynı ortamı paylaşmanın huzuruyla birbirlerini anlamaya, kavramaya ve keşfetmeye çalışırlardı.

Tüm aile fertleri arasında saygılı bir samimiyet olur, ama bu asla lâubaliliğe kaçmazdı.

Babalar "bey baba", anneler "hanım anne", nineler "hanım nine" (haminne), dedeler "efendi dede" idi;

Ailedeki yaşlılardan "moruk" diye bahseden çocuk, o tarihlerde, herhalde kıyamet alâmeti sayılırdı.

Sonra ne olduysa oldu, kuşakları bir birine bağlayan "muhabbet" ipi koptu.

"Sohbet" geleneği yitti.

Sevgi, bilgi, şefkat, dostluk, paylaşım gibi ailenin ayakta durmasını sağladıktan başka topluma yansımaları son derece olumlu olan ve aslında insanın da mayasını oluşturan kavramlar, "muhabbet"in arkasından bitti, gitti.

Yıllar var ki, aileler sümsükût; televizyon dışında kimse konuşmuyor.

Apartman "daire"lerinden yansıyan ses ya kavga sesidir, (feryat-figân) ya da bilgisayar, televizyon-müzik seti sesi...

Bu ülkede uzun zamandır insanlarımızın yerine âletler konuşuyor. Turnikenin konuştuğunu ilk duyduğumda verdiğim tepkiyi hep hatırlarım: "İnsanlar susunca, makineler konuşuyor."

Ve bu ülkede kuşaklar arasında müthiş kopukluklar yaşanıyor.

Dil kopmuş, yürek kopmuş; sonuçta dünyalar öyle farklılaşmış ki, aile fertleri aynı çatı altında farklı dünyaları yaşıyorlar!

Artık eve yorgun geliyor, evden yorgun çıkıyoruz!

Çünkü ailenin insan ruhunu ve zihnini dinlendiren bir işlevi vardı; muhabbet aracılığıyla bu sağlanırdı. Bireyler birbirlerine küs gibi durunca, bütün misyon televizyona kaldı; eh, onun da "dinlendirme" gibi bir görevi yok.

Sonuçta insan beyni dinlenemiyor.

Ruhu sükûnet bulmayan insanın beyni nasıl dinlensin?

Ve birbirimizden git gide kopuyoruz, aramızda sevgi iletişimi gerçekleşmiyor; tabiatıyla saygı eksenli bir samimiyet oluşmuyor. Artık nezaketi bile boş verdik.

Eşlerimizden bahsederken "hanımefendi", ya da en azından "hanım" diyeceğimize, son derece kaba bir üslupla "bizim karı", "bizim evdeki", "bizim kaşık düşmanı" diyoruz. İslâm'ın öngördüğü nezaket içinde birbirimize "rica" etmeyi unutmuş, eşimize ve çocuklarımıza neredeyse hizmetçi muamelesi yapmaya başlamışız.

Ailemize ayırmamız gereken zamanı (akşamı) başka şeylere hasretmek en azından "kul hakkı" oluşturur. Âlişan Efendimiz, Veda Hutbesi'nde "kadınların erkekler üzerinde hakları" olduğunu üstüne basa basa söylüyor.

Böyleyken neden ailemizin vaktini çalıp televizyona ya da kahvehaneye harcayalım? Aile hassasiyetimizin yanında kul hakkı almama hassasiyetimizi de mi yitirdik?

Kaldı ki, insan ömrü boş şeylere harcanacak kadar da uzun değil.

•••

"Doğru çocuk" yetiştirmenin yolu "doğru aile" olmaktan geçer.

Doğru aile olmak için, öncelikle aile bireylerinin konuşmayı yeniden öğrenmeleri, bir bakıma ecdadın "muhabbet" geleneğini keşfetmeleri lâzım.

Başarabilirsek, bu tam anlamıyla bir "yürek inkılâbı" olacak...

OSMANLI SOFRASI VE SOFRA ÂDABI

ALİŞAN EFENDİMİZ, "Yemeklerinizi ailenizle birlikte yiyin, toplu yemekte bereket vardır" buyuruyor; ama hayat şartları, aile bireylerinin bir araya gelmesine fazla izin vermiyor. Sonuçta, "aile" kavramı giderek zayıflıyor, çözülüyor, çöküyor.

Ramazan ayı ailenin bir araya gelmesi, iftar ve sahur sofralarında buluşması, böylece bir taraftan Efendimizin buyruğunu ihya ederken, diğer taraftan bağımsız bireylerin "aile" bilincinde buluşması açısından da büyük bir fırsattır.

Unutmayalım ki, Osmanlı ceddimiz Ramazan günlerini dünya ve ahiret saadetine ulaşmanın vasıtası olarak görmüş, o anlamda değerlendirmiş, Ramazan'ın her gününü ayrı bir bayram havasında yaşamıştır. Osmanlı, aile yapısının sağlamlığını biraz da Ramazanlara borçludur.

Eski iftar ve sahur sofralarından söz edeceğim, ama Osmanlı sofralarını anlatmanın, salt yeme-içmeden söz etmek anlamına gelmediğini peşinen söylemeliyim. Osmanlı sofrası hem estetik, hem de kültürel bağlamda bir sanat eseridir! Ayrıca Osmanlı sofrası, "tatbikî adab-ı muaşeret (görgü)" ve "temsilî hayat dersleri" açısından da bir okuldur.

Çocuklar ve gençler, basit bir karın doyurma olayının hem bir sanat şölenine, hem de bir okula dönüşmesini yaşayarak izler, imparatorluk tarihinden ve coğrafyasından beslenen ritüelleri özümseyerek düzgün davranışlar kazanır, aynı zamanda bu gücü sağlayan devlete ve millete güvenmeyi öğrenirlerdi. O da zamanla kendi özgüvenlerine dönüşürdü.

Yani Osmanlı sofrasının, "beslenme" ile sınırlanamayan bir dinî ve millî misyonu da vardı. O sofra sohbetleri sayesinde tarihimiz nice "adam gibi adam"lar kaydetti.

Asya'dan Afrika'ya, Avrupa'dan Balkanlar'a ve Ortadoğu'ya uzanan geniş coğrafyada farklı beslenme biçimlerinin yoğrulmasıyla oluşan Osmanlı mutfağı, en nadide örneklerini Ramazan sofralarında sergilemiş, her iftar, her sahur düğüne dönüştürülmüştür.

Osmanlı halkı, Ramazan dışında, kuşluk ve akşam vakti olmak üzere günde iki öğün yemek yerdi. Sofra bezi döşemeye yayılır, üzerine bakır bir sini konur, aile bireyleri sininin etrafına serpiştirilmiş minderlere bağdaş kurarlardı. Önce oturma ve yemeğe başlama hakkı aile reisinindi. Sofrada başköşe onundu. Çocuklar ise annenin yanında yer alırdı.

Yemek yemenin kuşkusuz bir adabı vardı ve herkes buna çok dikkat ederdi. Yemeğe aile reisi yüksek sesle besmele çekerek başlardı. Aile reisinin yüksek sesle besmele çekmesi, diğerlerinin hatırlaması içindi. Besmelesiz yemek yemenin bereketsizlik getireceğine inanılırdı.

Oruç, su ya da zeytinle açılır, küçük tabaklarda gelen iftariyeliklerle sürerdi. Sonra aile bireylerinin oluşturduğu cemaatle akşam namazı kılınırdı. Namaz sonrasında yeniden sofraya dönülürdü.

Önce sıcak bir çorba içilir, arkasından iftar sofralarının vazgeçilmezi pastırmalı yumurta yenirdi. (Pastırma 4.000 sığırın eti harmanlanarak yapılırdı. Fransız gezgin Michel Baudier, Sultan IV. Murad döneminin saray mutfağında pastırma hazırlandığından söz eder. Hatta sadrazamın bu işe bizzat nezaret ettiğini kaydeder.) Yemek etlilerle devam eder ve mutlaka güllâçla biterdi.

İftar sofraları elbette meyve ve sebzelerle de donatılırdı. Şehrin çevresindeki bostanlarda yetişen kavun ve karpuzlar, Langa hıyarı, Çengelköy hıyarı ve marulu, Arnavutköy çileği, Yarımca kirazı 1950'lere kadar iftar sofralarımızı süslerdi.

Ahmet Rasim (1864-1932) Sultan Abdülmecid (1839-1861) dönemindeki bir iftariye tepsisinde yer alan yiyecekleri sayıyor: Sirkeli yeşil zeytinle yağlı siyah zeytin, susamlı simitler, pastırma, sucuk, hünnap, ceviz, çeşitli reçeller, şerbetler, hurma ve özel kabında zemzem...

Sahur sofralarında ise pilav (Osmanlı mutfağında pişen 27 çeşit pilavdan bahsediliyor.) ve böreğin yanı sıra hoşaf ya da farklı lezzette şerbetler içilirdi. (Osmanlı mutfağı dünyanın en büyük üç mutfağından biridir, ama beş bin çeşit yemeğimizle çeşit çeşit şuruplarımızın kaybolması sonucu bu özelliğini yitirmiştir.) Sahurdan sonra yatılmaz, (Yatmanın çok sağlıksız olduğunu modern tıp söylüyor.) erkekler mahalle mescidine giderken, kadınlar Kur'an'la, zikirle buluşurlardı.

"Yemek"le "göbek" arasında elbette bir bağlantı var; ancak Osmanlı ceddimiz midesini tıka basa doldurmaz, çeşitleri tadarcasına yerdi. Şu özdeyişler onlara aittir: "Az yiyen melek olur, çok yiyen helak olur", "Az yiyen her gün yer, çok yiyen bir gün yer."

Bunların kaynağı hiç kuşkusuz Peygamber-i Âlişan Efendimizin tavsiyeleridir: "Yeyiniz, içiniz, israf etmeyiniz", "Doymadan sofradan kalkınız."

Bu sözler hat sanatçıları tarafından yazılır, hemen hemen her Osmanlı evinin duvarlarına asılırdı.

Ayrıca kimi selâtin camilerinde hatimle kılınan teravih namazları sayesinde, midede pek az yemek kaldığı tahmin edilebilir.

OSMANLI'DA EĞLENCE KÜLTÜRÜ

*H*ER MİLLETİN PEK TABİİ geçmişiyle harmanlanmış bir "eğlence kültürü" vardır...

Anlayamadığım şu ki, bazı gazetelerle televizyonların ve bazı kurum ve kuruluşların "Ramazan eğlenceleri" adıyla yıllardan beri dayattığı "eğlence" türünün kökleri nerededir?

Batı'da olamaz, zira Batı'nın Ramazan'ı yok, Batı Müslüman değil! Tarihimizden hiç olamaz. Çünkü tarihimizde "Ramazan"la bugünkü anlamda "eğlence"yi birlikte telaffuz etmek dahi akla ziyan sayılırdı. Neden derseniz, ecdadımız, Ramazan'ı bir "eğlence" aracı olarak görmez, günahlardan arınmanın vesilesi sayardı.

Öncelikle belirtmeliyim ki, ecdadımızın "zevk" anlayışı bizimkinden çok çok farklıydı. Zevk anlayışları farklı olanın, tabiatıyla **"eğlence"** anlayışları da farklı olur.

Ecdadımız ibadetten zevk alıyordu. Eğlencelerini de buna göre oluşturmuştu.

Eğer "eğlence" hayattan alınan zevki arttırmak anlamına geliyorsa, yürekten inanan insan için, en büyük "eğlence" ibadettir; çünkü ibadet anı, en zevkli andır. Bu yüzden toplu ibadetler (Cuma, teravih, bayram namazı, tesbih namazı, oruç vs.) şölene benzerdi; bu anlamda hayatın hemen her anı bayrama dönüşürdü.

Bununla birlikte başka eğlenceler de vardı elbet: Meselâ, Osmanlı Devleti'nin her yıl Kâbe'ye gönderdiği "Sürre Alayı"nın merasimle Dersaâdet'ten (başkent/İstanbul) çıkışı, dindar halkın nazarında muhteşem bir eğlenceydi... (Osmanlı devletinde her yıl Sürre-i Hümayun ile İstanbul'dan Haremeyn'e [Mekke ve Medine] armağan olarak para ve örtüler gönderilmekteydi. Gönderilen örtülerin içinde en önemlisi Kâbe'ye giydirilen kisve ve üzerinde sultanın adını taşıyan Kâbe kuşağıydı. Sürrelerle birlikte her yıl Mekke'ye [Kâbe'ye] ve Medine'ye [Ravza-i Mutahhara ve sahabe mezarlarına] yeni örtüler gönderilir ve eskileri İstanbul'a getirilirdi.)

Ramazanların değişmez görüntüsü "mahya"nın hazırlanıp iki minare arasına asılması da bir eğlence türüydü. Halk tekbirlerle bu olaya eşlik eder, böylece hem sevap kazandığına inanır, hem de eğlenirdi.

İftar sofraları aile için şölene, yemek de merasime dönüştürülürdü. İftar yaklaşırken okunan "Muhammediye"ler, Peygamber (a.s.m.) sevgisinin yüreklerde doruğa çıkmasına hizmet ederdi. Muhammediye okumak da dinlemek de eğlenceliydi.

Yaşlıların sofraya oturmadan önce sünnet üzere ellerini yıkamaları bile merasimseldi. Evin genç hanımı bakır leğen getirir, ibrikle su döker, yaşlılar sırayla ellerini yıkayıp tutulan peşkirle kurulardı.

Çocuklar yaşlıların ağır ritmik hareketlerle ellerini yıkamalarını merakla seyreder, sonra benzer hareketler yaparak eğlenirlerdi.

Kadınlar ise mukabeleye giderler, büyük camileri gezerler, arka saflarda durup İstanbul'un en meşhur hocalarının imamlığında teravih namazı kılarlardı.

Eğer Ramazan yaza denk gelmişse ailece mesire yerlerine gidilir, salıncaklara binilir, inancın ve geleneklerin "meşru" saydığı oyunlar oynanırdı.

●●●

Kültürümüzde elbette ki eğlenmek var, ama Ramazan ayı, bunun için en uygunsuz aydır. Hatta eskiden eğlence mekânları ve lokantalar, Ramazan'a hürmeten kapatılır, yılın on bir ayı kafa çeken akşamcılar bile Ramazan'da içkinin dirhemini ağızlarına sürmezlerdi.

Biz böyle bir kültürden geliyoruz. Peki de meşhur "Direklerarası eğlenceleri neciydi?" derseniz, Osmanlı'nın çözülüp çöküşünün habercisiydi. Hayatın eğlence amaçlı hâle geldiği an, çöküşün başladığı andır. Zaten de Müslüman çoğunluğun değil, Rum, Ermeni, Musevi azınlığın eğlence merkezidir "Direklerarası". Böyleyken "Osmanlılık" kimliğinde Müslümanlara da mal edilmiştir.

Belirtmeliyim ki, Osmanlılar dahil, herkes ve her kesim için eğlenmek bir ihtiyaçtır. Ancak "eğlenebilme" özelliği kişiden kişiye, toplumdan topluma değişir. Bir milletin eğlenme türü başka bir millet için sıkıcı olabilir. Bu konu tamamen insanların keyif alma biçimleri ve kendilerini mutlu hissetmeleriyle ilgilidir.

Bu bağlamda Osmanlı ceddimiz de pek tabii eğlenirdi. Ama bugün bizim "eğlence"den anladığımızla onların anladıkları farklıydı.

Onlarda, eğlence anlayışı dahil, hayatın tüm sınırlarını inançlar belirlemişti. Her tür yaklaşımda "dinî meşruiyet" aranırdı. Dindışı her davranış sadece "günah" sayılmaz, yanı sıra "ayıp" da sayılırdı. Toplumun şekillenmesi böyleydi.

İnsan hayattan daha çok keyif alıp rahatlamak için eğleniyorsa, bunun farklı ve değişik pek çok yolu vardır. Meselâ Osmanlı ceddimiz ibadet ve kulluktaki zevki keşfetmişti. Bu zevki keşfedince ibadet keyfe, hayat da ibadete dönüşür.

Osmanlı ceddimizden başka hiçbir toplum, hiçbir dönemde, ibadeti böylesine bir keyfe dönüştürememiştir.

Tekkelerde yapılan toplu ibadetlerden tutunuz, ailece yapılan zikirlere, oradan selâtin camilerinde kılınan teravihlere, Ramazanlarda fener alaylarının Kur'an ve ilâhi eşliğinde yaptıkları geçişlere, Cuma namazları sonrasında gerçekleştirilen görüşme seremonilerine kadar, hayat özü ibadet ve taat olan bir eğlenceye dönüştürülmüştü.

Aynı dönemde, diğer sıradan eğlencelere de birer sosyal aktivite mahiyeti kazandırılmıştı. Geleneklerin sürmesine, inançların tazelenmesine, değer yargılarının, törelerin kökleşmesine hizmet ederdi.

Ayrıca her eğlencenin toplumsal bir işlevi vardı. Meselâ cirit gibi spor mahiyetli karşılaşmalar, devamlı savaşan bir yapıya sahip olan Osmanlı insanının yeteneklerini koruyucu ve geliştirici bir rol oynardı. Böylece insanlar eğlenirlerken yeteneklerini geliştirirler, dönem gereği her zaman çıkması muhtemel savaşlara hazırlanırlardı.

Osmanlı ordusu, bir dönem Batılı gezginlere "cıva gibi akıcı ve yakıcı bir ordu" benzetmesi yaptıran hızlı hareket kabiliyetini kısmen bu oyunlara borçludur.

O dönemin Avrupa'sında böyle şeylerin görülmediği de bilinmektedir.

Tabii tüm seyir ve eğlence ciritten ibaret değildi...

Bazen cambazhanelere gidilip cambazların, hokkabazların ("baz" Farsça'da "oynayan" demektir) yanı sıra, günümüzde çoktan unutulmuş sürahibazlar, kâsebazlar, zorbazlar, kuklabazlar, hayalbazlar, hilebazlar, sinibazlar, şişebazlar, ateşbazlar (bu ve benzer pek çok oyunu Evliya Çelebi sayıyor) seyredilirdi.

Öte yandan, Osmanlılarda mesire (bugün kendimize yabancılaştırıp "piknik" dediğimiz) kültürü çok gelişmişti. Sadâbâd gibi bazı mesire yerleri zaman zaman moda olmuş ya da modası geçmiştir. Boğaziçi bâkir kıyıyla muhteşem güzellikte bir mesirelikti. Mesireler tatil günleri hınca hınç dolardı.

Dinî bayramlar, padişahın tahta çıkış yıldönümleri, şehzadelerin sünnet düğünleri, padişahın kızlarının evlilik merasimleri, valide sultanın merasimle eski saraya gidişi, padişahın cuma selâmlığı merasimi ve panayırlar halkın meşru zeminde eğlendiği olaylardı.

Bütün bunlar ve benzerleri o devrin şartlarında insanı eğlendiren şeylerdi.

Osmanlı'da hayat ahirete dönüktü. Ahirete dönük olduğu için de hayatta fuzuliyata (gereksizlik) yer yoktu...

"Eğlence" mantığımız Avrupa'yı taklide başladığımızdan bu yana değişti. Hayatımıza "vur patlasın, çal oynasın" ölçüsüzlüğü hâkim oldu.

OSMANLI'YI OSMANLI YAPAN TARİHÎ VASİYETLER

OSMANLI DEVLETİ'Nİ KURAN Osman Gazi'nin babası Ertuğrul Gazi'den, Şeyh Edebali'ye (devrinin en iyi bilginlerinden) ilişkin tavsiyelerinden birkaç cümle aktarayım:

"Oğulcuğum! Şeyh Edebali bizim boyun (aşiretin) ışığı ve yüreğidir. Terazisi ince tartar, dirhem şaşmaz? Bu yüzden beni kır, Şeyh'i kırma; bana karşı gel, ona karşı gelme...

"Bana karşı gelirsen üzülürüm, ama ona karşı gelirsen gözlerim sana bir daha bakmaz olur, baksa da görmez olur...

"Sözüm Edebali'yi korumak için değil, seni korumak içindir...

"Oğulcuğum! Bu dediklerimi vasiyetim say, ona göre uy."

Şimdi de, Ertuğrul Gazi tarafından böylesine bir hürmetle anılan mürşidin (Şeyh Edebali'nin) damadı ve beyi Osman Gazi'ye vasiyetine gelelim. Bu vasiyet (ya da öğüt) aynı zamanda, yüreklere, "devlet-i ebed müddet" aşkını ilham edip o aşkta muazzam bir imparatorluk inşa eden dinamizmin de kaynağıdır.

"Ey oğul, beysin" diye başlıyor, Şeyh Edebali:

"Bundan sonra öfke bize, uysallık sana.

"Güceniklik bize, gönül almak sana.

"Suçlamak bize, katlanmak sana.

"Acizlik bize, yanılgı bize, hoş görmek sana.

"Geçimsizlik bize, çatışmalar, uyuşmazlıklar bize, adalet sana.

"Kötü söz, şom ağız, haksız yorum bize, bağışlama sana.

"Ey oğul! Sabretmesini bil, vaktinden önce çiçek açmaz.

"Şunu da unutma: İnsanı yaşat ki, devlet yaşasın!

"Ey oğul, yükün ağır, işin çetin, gücün kula bağlı.

"Allah yardımcın olsun!"

•••

Bu özet vasiyetin sadece "İnsanı yaşat ki, devlet yaşasın" şeklindeki tek cümlesini alıp kısaca şerh etmeye çalışalım.

"İnsanı yaşat," diyor Şeyh Hazretleri. "İnsanı yaşat ki, devlet yaşasın!"

"İnsanı yaşatmak" için ne yapacaksınız? Öncelikle ona "aş (yemek-ekmek)" vereceksiniz...

"Aş" verebilmek için de "iş" vermek zorundasınız. Bir işte çalışıp üretecek, kazandırırken kendisi de kazanacak. Böylece ekonomi gelişecek, devlet de güçlenecek.

"İş" verebilmek için, tabii ki "tesis, fabrika vs." kuracaksınız, yerine göre sanayileşeceksiniz. "Üretim-tüketim dengesi" tesis edecek, ardından gelir dağılımında adalet sağlayacaksınız.

Ve hem doğru yaşaması, hem de işini doğru düzgün yapabilmesi açısından, insanı eğiteceksiniz. Bunun için okullar açacaksınız, üniversiteler kuracaksınız, öğretmenler, öğretim üyeleri yetiştireceksiniz.

Verimli çalışabilmesi ve üretebilmesi için, her insana kaliteli sağlık hizmeti vereceksiniz. Yani kendi çağını aşan hastahaneler kuracaksınız; doktor, hemşire, laborant, bakıcı, eczacı, araştırmacı yetiştireceksiniz.

Biliyorum, bunlar hem evrensel, hem de çağdaş normlar. Demek oluyor ki, günümüzden yedi yüz küsur sene önce yaşamış olan Şeyh Edebali, çağını çok aşan evrensel normlarla hayata bakabilmiş, devletin bu çerçevede kurulması hâlinde ancak kalıcı olabileceğini düşünebilmiştir.

Bu topraklarda böyle bir beyin yetişti. Fakat ideolojik saplantıları olan aydınla okuma ve araştırma özürlüsü siyasetçi bu beyni görmezden geliyor. Görüp yararlanmak isteyenleri de "aforoz" etmeye kalkışıyor.

Buradan Osman Gazi'nin oğlu Orhan Gazi'ye vasiyetine geçelim:

"Bak oğul, Allah'ın emirlerine aykırı işler işlemeyesin. (Bu cümlede bence keyfe tâbi yönetim anlayışının, yani diktatörlüğün reddi var.)

"Bilmediklerini ulemadan sorup öğrenesin. (İlim adamının değeri bakımından çok anlamlı.)

"Sana itaat üzere olanları hoş tutasın. (Başka dinlere ve ırklara müsamaha.)

"Askerlerine in'amı, ihsanı eksik etmeyesin, ki insan ihsanın kulcağızıdır. (Yardım etmeye teşvik.)

"Zalim olmayasın, âlemi adaletle şenlendiresin. Allah için cihadı terk etmeyesin. (Adaletle zulüm yapmamanın birlikte vurgulanması "hukuk devleti" kavramını çağrıştırıyor. Ayrıca bunların hemen ardından cihadın hatırlatılması da çok ilginç! İlginç, çünkü bu anlamda bir cihadın şiddet içermemesi gerekiyor. Anlaşılan Osman Gazi, sevgi ve şefkatle yüreklerin fethini öngörüyor.)

"Ulemaya riayet eyle ki, din işleri nizam bulsun. İlim ehlini el üstünde tut. (Bilgi ve bilgenin değerine ve din başta olmak üzere işlerin bilimsel metotlarla yürütülmesine dikkat çekiliyor.)

"Askerlerine ve dünya malına gurur getirip doğru yoldan uzaklaşmayasın. (Gücün hukuk, merhamet ve adaletle dengelenmesi gereği savunuluyor ki, bu son derece modern ve sonuna kadar çağdaş bir anlayıştır.)

"Bizim mesleğimiz Allah yoludur, maksadımız ilâ-yı kelimetullahtır (Allah'ın dinini yaymak). Davamız kuru kavga ve cihangirlik davası değildir. (İşte bu anlayış Osmanlı padişahlarını bir Cengiz Han, bir Hülagü Han, bir Timur Han olmaktan ve dünyayı yakıp yıkmaktan korumuş, inşacı ve imarcı yapmıştır.)

"Memleket işlerini noksansız gör, herkese ihsanda bulun."

"Oğul, Bursa'yı aç (fethet), gülzar eyle; ölünce beni Bursa'da Gümüşlü kümbete defnet." (Osman Gazi fetihten önce öldüğü için geçici olarak Söğüt'e defnedildi, fetihten sonra ise vasiyetine uyulup Bursa'ya nakledildi.)

Sürekli insanı korumaya, kollamaya, gözetmeye, hoş tutmaya, sevmeye; insana ihsanda bulunmaya, saygı duymaya, onlara karşı merhametli davranmaya çağıran bu vasiyetler, aynı zamanda kendi çağlarını çok aşan insan hakları vesikalarıdır.

Avrupa aynı noktaya "dün" denebilecek kadar yakın bir tarihte ancak gelebilmiş, "İnsan Hakları Evrensel Bildirgesi'ni" sadece elli sene kadar önce yayınlamıştır. Bu itibarla, Avrupa, insanı kavrama konusunda bizden altı yüz elli sene kadar rötarlıdır.

Buna rağmen insan haklarında kurumsallaşmış (demokrasi), nihayet bizden aldığını bize pazarlar hâle gelmiş, gönülsüzlüğümüzü görünce de bazı müeyyideler dayatmaya geçmiştir.

Cevdet Paşa: "Tarih bilmeyen diplomat, pusuladan anlamayan kaptana benzer. Her iki hâlde de karaya oturmak tehlikesi yüksektir" demekte ne kadar da haklı...

Şu var ki, siyasetçinin karaya oturttuğu "taka" değil, koskoca "devlet gemisi" olduğundan, diğerine kıyasla, çok daha büyük zayiat ve zararlara yol açılmaktadır.

UFUKLU İNSAN OLMAK

*H*İÇ DÜŞÜNDÜNÜZ MÜ? Diyelim ki Kayı Aşireti'ni ortanca kardeş Ertuğrul Gazi yerine ağabeylerinden Gündoğdu Bey ya da Sungur Tekin yönetseydi, tarihimiz nasıl değişirdi?

Muhtemelen Osmanlı Devleti tarih sahnesine hiç çıkmaz, Bizans yıkılmaz, onca zafer kazanılmaz, Süleymaniye ve Selimiye gibi muhteşem eserler inşa edilemezdi.

Çünkü ağabeyleri Gündoğdu Bey'le Sungur Tekin, Ertuğrul Gazi'ye gelip geri dönme teklifinde bulunmuşlardı. Ertuğrul Gazi'nin cevabı hedef sahibi insan olmanın ne anlama geldiğini açıklıyor:

"Ötelere gideceğiz, deryayı (denizi) geçeceğiz ve inşaallah devlet olacağız!"

O tarihte bile Ertuğrul, Bizans'ı fethe kilitlenmişti. Bunun için denizi geçmesi gerekiyorsa geçecekti. Bizans'la kavgaya tutuşması gerekiyorsa tutuşacaktı. (Eminim Bizans'ın fethedileceğine dair olan hadis-i şerif yürek pusulasına dönüşüp Ertuğrul Gazi'ye yol gösteriyordu.)

Ertuğrul'un ufkunda büyük bir hedef vardı: Hedef devlet olmaktı. Bu uğurda her türlü zorluğa ve meşakkate katlanmaya da gönüllüydü. Ve tüm arkadaşlarını bu çerçevede motive ediyor, onları her fırsatta yüreklendiriyor, kendisi gibi hedefe kilitlenmelerini sağlıyordu.

Tam bu sırada ummadığı bir zorluğa toslamış, hedefiyle arasına ağabeyleri girmişti. Bu noktada hatırlatmadan geçemeyeceğim ki, iki tür insan vardır: Birinci tür insan kendine uzak-yakın hedefler seçer, hamle üzerine hamle yapar, şartlar ne olursa olsun teslim olmaz, gerektiğinde hedefine kilitlenir ve sürekli koşar.

İkinci tür insan tipinin ise bir hedefi yoktur. Hedefsiz yaşamaktan tatmin olmadığı için de başkalarının hedeflerini şaşırttırmaya çalışır. Başarıyı başkalarının muhtemel başarılarını engellemekte arar.

Tırmanmaya çalışan hedef sahibi insanların ayaklarına dolaşır. Neden tırmanmaması gerektiği konusunda onu ikna etmek ve caydırmak ister. Böylece onu da kendi seviyesinde tutacak ve başarılı örneklerin çok azaldığı bir ortamda gönül huzuruyla yaşayacaktır. Ertuğrul Gazi birinci türün, ağabeyleri de ikinci türün örnekleridir.

Ertuğrul Gazi'nin ağabeylerinin ufkunda devlet yoktu. Uzun süren yolculuktan bıkmışlar, geri dönmeyi kurtuluş çaresi gibi görmeye başlamışlardı. Bu görüş çerçevesinde ağabeylerinden biri Ertuğrul Gazi'ye şöyle çıkıştı:

"Derya diye tutturursun, lâkin deryanın suyu tuzludur, içilemediği gibi, hayvan ve bitki sulamaya da elverişli değildir."

Ertuğrul Gazi'nin ağabeylerinin tüm ufku çiftçilik ve hayvancılıkla sınırlıydı. Hayalsiz ve ütopyasız yaşıyorlar, "bahane" olarak da "şartlar"ı kullanıyorlardı. Sonuçta Ertuğrul Gazi ile ağabeylerinin arasında büyük bir tartışma çıktı. Ağabeyleri fikirlerinde ısrar ettiler. Nihayet aşiretin yarıdan fazlasını yanlarına alıp, geriye, geldikleri topraklara dönmek üzere yola çıktılar. Ertuğrul Gazi ise atının başını Bizans istikametine çevirip Söğüt'e yerleşti.

Ötesi mâlum... Dönen ağabeylerinden hiçbir tarih tek cümle olsun bahsetmiyor. Muhtemelen Moğol çapaçullarının hücumuna uğrayıp öldüler.

Bizans yakınlarına yol tutan Ertuğrul Gazi ve arkadaşlarından ise, Osmanlı Devleti'nin kurucuları olarak tüm tarihler bahsediyor.

Artık rahatlıkla şunu söyleyebiliriz: Ufkunuzda ne varsa, o olursunuz...

Ve ancak hayalinizle hedefiniz kadar varsınız.

•••

Şimdi de Ankara Savaşı (Timur'un Yıldırım Bayezid'i yendiği savaş) sonrasını hatırlayalım...

Timur galip geldi. Anadolu'yu yağmalamakla kalmadı, Bursa'daki devlet hazinesini aldıktan sonra tüm devlet arşiviyle birlikte yaktı. Ayrıca Osmanlı Devleti'ne bağlı Anadolu beyliklerini de hortlattı.

Nihayet Osmanlı Padişahı Yıldırım Bayezid ile iki oğlunu (Osmanlı kaynaklarının "Düzmece Mustafa" olarak isimlendirdiği Şehzade Mustafa ile Musa Çelebi) yanına alarak Asya steplerine döndü.

Durum o kadar vahimdi ki, "şartlar" ve "sebepler" penceresinden hayata bakanlar, Osmanlı Devleti'nin bir daha dirilemeyecek şekilde çöktüğünü düşünüyorlardı.

Tarihimizde "saltanat-ı fasıla", yahut "Fetret Devri" olarak anılan kargaşa dönemi tam on yıl sürdü. Olanlar yetmemiş gibi, Osmanlı Devleti, bu on yıl müddetince kardeş kavgalarında hırpalandı. Nihayet Çelebi Mehmed tekrar birliği sağladı ve "İkinci Kurucu" olarak selâmlandı.

Neden diğer kardeşlerinin (Süleyman, Musa, İsa, Mustafa Çelebiler) başaramadığını Mehmed başarabildi dersiniz?

Çünkü diğer kardeşler bir kez daha büyüyüp güçlenmenin artık "imkânsız" olduğuna inanıyor, bu yüzden Osmanlı Devleti'nden arta kalan küçük parçalarda hükümdarlık yapmaya razı oluyorlardı.

Çelebi Mehmed ise "Ya hep, ya hiç," diyordu, "devlet taksim kabul etmez; ya atalarımın hüküm sürdüğü tüm topraklar ya da bir avuç topraklık bir mezar..."

Diyeceğim şu: Aşk olmayınca meşk olmuyor. "Oluş" çizgisinde "birey"in önemini artık kavramamız lâzım.

"AHİLİK" IŞIĞINDA YENİ İNSAN PROJESİ

*O*SMANLI DİNAMİĞİNİ OLDURAN birkaç unsurdan biridir, Ahilik... Çünkü Ahi Evran tarafından oluşturulan bu ekolün en önemli amacı, "kâmil insan" yetiştirmektir. Bir başka deyişle Kur'an'ın "insan modeli"ni hayata geçirmektir. (Cemaatlerin ve tarikatların bu oluştan öğrenecekleri çok şey olduğunu düşünüyorum.)

Siyasi yönleri yoktu. Buna rağmen Ahiler, Gazi Dervişler ve Alperenler, Osmanlı Devleti'ni kuran Osman Gazi'nin etrafında kenetlendiler. Bunun sebebi, Osman Gazi'nin kuru cihangirlik davasının peşinde değil, "ilâ-yı kelimetullah"ın (Allah inancını cihana yaymak) peşinde olduğunu görmeleriydi.

Ahiler, savaş sırasında kelle koltukta savaşıyor, barış zamanında ise öğretmenlik ve ticaret yapıyorlardı. O kadar fedakârdılar ki, pîr (şeyh, üstad), müridine, "Filan yere git, hemen medresesini kur ve hizmete başla" dediğinde sözü ikiletmez, hatta sual bile sormaz, "baş üstüne" çekip tereddütsüz söylenen yere gider, hizmete başlardı.

Her açıdan Asr-ı Saadet'teki muhteşem örneklere benzerlerdi. Zaten maksatları onlara benzemekti. Bir anlamda Asr-ı Saadet'i kendi çağlarına taşımak için çabalıyorlardı. Bu çabalarının üzerine "rahmet" indi ve büyük bir devlet ihsan edildi: Osmanlı Devleti...

Acaba bu büyük oluşu hak eden "insan"ın özellikleri nelerdi? Bu sorunun cevabını, "Ahilik Şartnâmesi"nde bulabiliriz. Çıraklıktan ustalığa giden yolda bireyi olgunlaştırmayı hedefleyen Ahilik teşkilatının temel ilkeleri özetle şunlardı:

• İyi huylu, güzel ahlâklı ve herkes için sevgi dolu olmak.

• Kini, hasedi, düşmanlığı ve dedikoduyu hayatından çıkarmak.

• Ahdinde, sözünde ve sevgisinde vefalı olmak; gözü, gönlü ve kalbi tok olmak.

• Şefkatli, merhametli, adaletli, faziletli, iffetli, dürüst ve kerem sahibi olmak.

• Büyüklere sevgi ve saygı göstermek.

• Başkalarının ayıp ve kusurlarını örtmek, gizlemek ve affetmek, hataları yüze vurmamak.

• Tatlı dilli, güler yüzlü, samimi ve güvenilir olmak.

• Gelmeyene gitmek, dost ve akrabayı ziyaret etmek.

• Herkese iyilik yapmak, iyiliklerini istemek ve yapılan iyiliği asla başa kakmamak.

• İnsanların işlerini içten, gönülden ve güler yüzle yapmak.

• Daima iyi komşu olmak, cahil komşuların verdiği sıkıntıya katlanmak.

- İnsanlar arasında din, dil, mezhep, ırk, renk farkı gözetmemek.
- Hata ve kusurları daima kendi nefsinde aramak, iyilerle dost olup, kötülerden uzak durmak.
- Fakirlerle dostluktan, oturup kalkmaktan çekinmemek.
- Zenginlere, zenginliğinden dolayı itibardan kaçınmak, Allah için sevmek.
- Hak için hakkı söylemek ve hakkı söylemekten korkmamak.
- Emri altındakileri ve hizmetindekileri korumak ve gözetmek.
- Açıkta ve gizlide Allah'ın emir ve yasaklarına uymak; içi, dışı, özü, sözü bir olmak.
- Kötü söz ve hareketlerden sakınmak, hakkı korumak, hakka riayetle haksızlığı önlemek.
- Kötülük ve kendini bilmezliğe iyilikle karşılık vermek.
- Belâ ve kötülüklere karşı sabretmek.
- Düşmana düşmanın silahıyla karşılık vermek.
- İnanç ve ibadetlerinde samimi olmak ve fani dünyada kalacak şeylerle övünmemek.
- Yapılan iyilik ve hayırda Allah'ın rızasından başka amaç gözetmemek.
- Âlimlerle dost olup onlara danışmak ve sır saklamak.
- Her zaman ve her yerde yalnız Allah'a güvenmek; doğru örf, âdet ve törelere uymak.
- Aza kanaat, çoğa şükrederek dağıtmak.
- Feragat ve fedakârlığı daima kendi nefsinden yapmak.

Adına "Osmanlı Devleti" dediğimiz "ebedî âbide", işte bu "yürek adam"ların yüreklerinde yeşerdi. Osman Gazi'nin maneviyat önderi ve kayınpederi (kaim-peder) Şeyh Edebali bir "Ahi" idi.

Keza, kuruluşa yüreklerini katan Şeyh Mahmut Gazi, Ahi Şemsüddin ve oğlu Ahi Hasan, daha sonra ise meşhur Cendereli (Çandarlı) Kara Halil Paşa da Ahilerdendiler.

Vurgunculardan, soygunculardan, uygunsuzlardan, yolsuzlardan ve dalkavuklardan gına getiren Türkiye, artık bu modeli dikkate almak ve "yürek adam" üreten Ahiliğin kaynaklarına eğilmek durumundadır.

"ADAM GİBİ ADAM" YETİŞTİRMEK

ÇOCUKLARIMIZDAN SIK SIK YAKINIRIZ. Ama çocuklarımızı nasıl yetiştirmemiz gerektiği konusunu fazla tartışmayız.

Türkiye hemen hiçbir alanda "cevher insan" yetiştiremiyor.

Oysa geçmişimiz, yalnız zaferler açısından değil, insan kaynakları açısından da çok zengin. Geçmişimizin her yılına birkaç "cevher insan" düşüyor. Günümüz ise tamı tamına bir "kaht-ı rical/adam kıtlığı..." Oysa biz aynı milletiz. Peki dün insan yetiştirme bahsinde başarabildiğimizi bugün neden başaramıyoruz?

Açık ki, hem geçmişimizin uzağına, hem de "zamane"nin tuzağına düştük. Ne kendimizi (tabi geçmişimizle birlikte) keşfedebildik, ne başkalarını (Avrupa filan) kavrayabildik. Bir kısır döngü (fasit daire) içinde dönüp duruyoruz.

"Neden"lere ulaşmak istiyorsak, önce geçmişimizle buluşmalıyız. Belli ki, geçmişte, bu coğrafyada yaşayan insanların, yani dedelerimizin ve ninelerimizin insan yetiştirme konusunda sonuç veren metotları varmış. O metot sayesinde, bugün hasretle andığımız "cevher insan"a ulaşmışlar. Bunun tek yolu, anne babanın "cevher insan"a dönüşmesidir.

Bu gerçeği, Batı hayranlarını da etkilemek amacıyla, dilerseniz Avrupalı gezginlerin, yazarların, diplomat ve araştırmacıların eserlerinden aktaralım.

A. L. Castellan'dan bir tespit: "Osmanlılar, ihtiyarlara ve çocuklara büyük ilgi gösterirler."

İşin püf noktalarından biri galiba bu: Hem yaşlılara, hem de çocuklara ilgi sevgi ve şefkat göstermek... Sonuçta yaşlılar da bir nevi çocuktur!

Çocuk, kendi anne ve babasının, nine ve dedesine gösterdikleri ilgiyi örnek alarak büyür. Anne babası kendi anne babalarına nasıl davranırlarsa, ileriki zamanlarda (çocuk büyüyüp anne babası yaşlılıklarını yaşamaya başladıklarında) anne babasına öyle davranır. Bir anlamda, anne baba olarak, davranış biçimimizle kendi geleceğimizi hazırlıyoruz.

Osmanlı bunun farkındaydı. Bu yüzden aile içi ilişkileri sağlam tutmuş, ailenin yaşlılarına "öf" dedirtmemeyi esas almıştı. Çocuklar bu örneklere göre yetişirdi. Kendisi iflah olmaz bir İslâm düşmanı olan İngiliz Sefiri Sir James Porter, 17. yüzyıl Osmanlı ailesindeki sevgi ve dayanışma ruhundan gıpta ile bahseder:

"Baba sevgisi çok kuvvetlidir. Çocuklarda sonsuz bir itaatle birlikte, evlâtlık göreviyle ilgili olabilecek her şeye karşı sarsılmaz bir bağlılık görülür. Osmanlılarda çocukların analarıyla babalarına karşı besledikleri sevgi ve hürmet, özellikle takdire değer. İstanbul'da tabiatın yüzünü kızartacak derecede çığırından çıkmış evlâtlar az görülür..."

Ne yazık ki, aile dışı bağlarımızdan sonra (komşuluk ilişkisi gibi) aile içi bağlarımız da koptu. Çoktandır hayatı paylaşmıyoruz. Aynı ailenin fertleri tek tek kendi hayatlarını yaşıyor. Aile kültürü git gide zayıflıyor. Bundan da en çok çocuklar etkileniyor.

Fransız yazar ve gezgin Dr. A. Brayer, çocuk yetiştirme zincirinin ilk halkasını keşfediyor, diyor ki:

"Çocuklar arasında küfürleşme ve yumruklaşma görülmez. Bunlar İslâm terbiyesiyle ıslah edildikleri için, kendi aralarında sakin sakin oynayıp eğlenirler."

İşin özü ve özeti Brayer'in "İslâm terbiyesi" vurgusu yaptığı yerdir. Uzaklaştığımız nokta da işte o temeldir. Bu sistemi tabiatıyla önce anne baba hazmetmeli, anlatarak değil, yaşayıp paylaşarak çocuklarına aktarmalıdır. İngiliz yazarı Thornton, "Sade bir din olan İslâmiyeti, çocuklar, analarıyla babalarından öğrenirler" diyerek tam bu noktaya vurgu yapıyor.

Ve aşağı-yukarı her şeyi açıklayan flaş bir cümle:

"Türklerin ahlâkı, çocuklukta iyilik telkini alarak değil, toplumda kötü örnek görmeyerek gelişir..."

Bence işin nirengi noktası budur. Günümüzde kötü örnek çok, iyi örnek ise "yok" denecek kadar az. Çocuklarımız "kötü örnek"lerle iç içe büyüyor. Sonuçta "kötü" ve "kötülük" normalleşiyor, sıradanlaşıyor, tabiatıyla da kanıksanıyor. Bu durumda kendimiz (anne ve baba) "iyi örnek" olmak zorundayız...

Yani "adam gibi çocuk" yetiştirmek için, önce anne babaların "adam gibi adam" olmaları lâzım.

•••

A. Brayer "Neuf anne'es a Constantinople" isimli eserinde Osmanlı toplumunun sevgi, saygı ve dayanışma ruhundan, yardımseverliğinden, ikramından, kendi ifadesiyle "insanı minnettar bırakan davranışları"ndan uzun uzun bahseder.

Fransız toplumunun bu hasletleri örnek almasını diler. İnsanî hislerin ve hasletlerin, 18. asır Fransa'sında, neden Osmanlı toplumundaki gibi olmadığına hayıflanır. Bunun sebeplerini araştırır ve bir yabancının varabileceği bazı doğru tespitlere varır. Der ki:

"Müslüman Türklerin barbarlıkları hakkında müelliflerimizin yazdıkları yazılara rağmen, bütün bu iddiaların aksini ispat eden vakıalar ortadadır. Dinin mânen zincirlemiş olduğu hakiki Müslümanlar, ancak onun kendilerine çizmiş olduğu daire dahilinde hareket edebilirler..."

Kimi aydınlarımızın bir türlü varmak istemediği bu noktaya bir yabancı gezginin üstelik 18. asırda ulaşmış olması düşündürücüdür. Brayer, Osmanlı toplumunu yücelten esrarı keşfetmiş ve kitabına çekinmeden geçirmiştir.

Şöyle devam ediyor:

"O su bentlerini, yol boylarıyla gezinti yerlerinde rastlanan sayısız çeşmelerle sebilleri, yolcuları barındırıp dinlendirmek ve yiyeceklerini temin etmek için yapılan o hamamlı, çok odalı ve etrafları sıra sıra dükkânlı hanları kuran da o ruhtur."

"Hangi ruh?" diye sorarsanız, onu da izninizle Dr. Brayer'in kaleminden okuyalım:

"Kur'an'ın mü'minleri teshir eden ruhu" diyor.

Ve sözlerine şöyle sürdürüyor:

"Birtakım menfaat kaygıları, eğlence düşkünlükleri, çok defa kadınların da iştirak ettiği ticarî muamele gaileleri, hasılı başka memleketlerin her şeyleri kadınların çocuklarına karşı şefkatlerini azalttığı hâlde, Osmanlı'nın harem (aile) hayatı, bilâkis bütün bu hislerin bir merkezde toplanıp artmasını temin etmektedir."

İşin özü ve özeti, Osmanlı ailesi çocuk yetiştirmekte fani olmuştu. Dengelerini buna göre kurmuş ve oturtmuştu. Şimdiki Avrupaî aile yapımızda ise anne de çalışıyor, baba da... Nineler ve dedeler zaten çoktan aile dışına çıkarılmış. Bu durumda çocuklarımızı ya sokak yetiştirecek ya da televizyon...

Dr. Brayer Osmanlı aile hayatına temas ederken, bilhassa yetişkin çocukların anne babaları ile birlikte oturmaktan derin bir haz duyduklarını belirterek diyor ki:

"Çocuklar yetişip adam oldukları zaman, analarıyla babalarını yanlarında bulundurmakla iftihar ettikleri ve küçükken onlardan gördükleri şefkate mukabele etmekle bahtiyar oldukları hâlde..."

Oradan geçiyor kendi toplumunu tenkide:

"Başka memleketlerde çok defa çocuklar, olgunluk çağına girer girmez (ekonomik özgürlüğüne kavuşur kavuşmaz) analarıyla babalarından ayrılmakta, ekonomik menfaatleri hususunda onlarla çekişe çekişe tartışmakta, hatta bazen kendileri refah içinde yaşadıkları hâlde anne babalarını sefalete yakın bir hayat içinde bırakmakta, zavallılara karşı âdeta yabancılaşmaktadırlar."

Biz de Avrupalılaştık ya, şimdi aynı durumdayız. Aynı sıkıntıları, aynı hasreti çekiyoruz. İşin tuhafı Avrupa aile kurumunu bozmanın faturasına toplumun dayanamadığını görmüş ve aile kurumunu sağlamlaştırma arayışlarına yönelmişken biz yanlış istikamette mesafe almayı sürdürüyoruz.

Doğuluyduk, Batıya özendik; lâkin tam "Batılı" da olamadık. İki cami arasında bînamaza döndük...

BİR FATİH NASIL YETİŞİR?

AKMAYIN BUGÜNÜMÜZÜN insan kaynakları açısından çorak gibi görünmesine... Bu millet, geçmişte, insanlık tarihinde varlığını ölümünden sonra da devam ettirebilmiş, hayatıyla ve eserleriyle arkasında "hoş bir sadâ" bırakabilmiş pek çok "büyük insan" yetiştirdi.

Kimi kahramanlığı, kimi adaleti, kimi ilmî dirâyeti, kimi hakka hizmeti, kimi engin tefekkür dünyası ile birer yıldız gibi parlamış olan bu şahsiyetler, insanlığın, tekâmülü açısından "rehber" ve "kilometre taşı" misyonu üstlendiler.

Bugün ise "cevher insan" yetiştirmede eskisi kadar velud değiliz. Acaba neden? Bu sualin cevabını, dilerseniz, Sultan Fatih Mehmed'i yetiştiren şartlarda arayalım.

Şehzade Mehmed (geleceğin Fatih'i) Bursa'daki "Hünkâr Evi"nde dünyaya geldiği zaman, onu sıradan bir şehzade olmaktan kurtarıp çağları kucaklayacak bir fatih yapacak temel şartların hemen hemen tamamı hazırdı. Ona, asırların gayretiyle hazırlanmış sihirli iksiri yudumlayıp hazmetmek, zamanla bunlara Allah vergisi dehâsını katıp kendini ve çağını aşmak kalıyordu.

Çok çalışmalı, çabuk öğrenmeli, vaktinden önce her bakımdan büyüyüp muhteşem fetih yürüyüşünü başlatmalıydı.

Büyük görev, ilk safhalarda, yine annenindi. "Evlât annenin göstergesidir" deyişini hayat prensiplerinin virdi zebânı yapan annesi, "iyi kadın" olma hasletine annelik şuurunu da katarak yücelmişti.

Kusurları yok muydu?

Belki tarihe yansımayan ya da benim tespit edemediğim kusurları vardı, ancak bunları kendinde saklı tutup evlâdına yansıtmamayı başardı–ki anne babaların en çok dikkat etmeleri gereken hususlardan biri, hatalarını, kusurlarını aleniyete dökmemek, açık açık kavga etmemek, dedikodu yapmamak, yani hatalarını çocuklarına yansıtmamaktır.

Hiç şüphesiz, Şehzade Mehmed'in kulağına Peygamber (a.s.m.) müjdesini ilk fısıldayan annesidir. Mukaddes hedefini ve aslî vazifesini dem dem ruhuna nakşedenlerin başında yine o gelir.

Ondan sonra sırasıyla baba, çevre ve eğitim müesseseleri devreye girer. Ve bunlar topyekûn devreye girdiğinde, "model insan", "cevher insan", "abide şahsiyet" dediğimiz örneği ortaya çıkarırlar. Öyleyse Fatih'i yetiştiren unsurları, yukarıdaki sırayı takiben gözden geçirmek durumundayız. Belki bu sayede, "Dünya örneği büyük insanlardan niçin mahrumuz?" sorusu da bir ölçüde cevaba ulaşacaktır.

Anneye daha dikkatle bakalım: Bu muhterem kadın, Sultan II. Murad gibi bir padişaha eş, Fatih gibi dâhi bir cihangire anne olabilecek bütün vasıflara sahiptir. Bir fatihin annesinde bulunması gereken meziyetleri eksiksiz nefsinde toplamış, kuvvetli iradesini anne şefkatiyle bütünleştirip dindarlığıyla besleyerek evlâdına sağlam emeller aşılamak için âdeta kendisini vakfetmiştir. Nice hayırda imzası, mâbetlerde mührü, sebillerde emeği vardır.

Öyle bir şefkat manzumesi ki, yardımseverliğiyle yalnız kendi dönemini değil, asırlar sonrasını da kucaklamıştır.

Öylesine müstesna meziyetlerin insanı ki, onu tarih bile paylaşamamış, Sırplarla Fransızlar başta olmak üzere bazı milletler, Fatih'in annesini, kendilerine mal etmek suretiyle, muazzam fetihten şeref payı çalmaya çalışırlar.

İffet, şefkat ve basiret örneği bu kadının ismi Hüma Hâtun'dur. Oğlunu karnında taşımaya başladığı andan itibaren Sünnet-i Seniyye terbiyesi vermiş, abdestsiz yere basmamış, besmelesiz emzirmemiştir.

Oğluna bütün bildiklerini öğrettikten başka, bilmediklerini öğretmeleri için de devrin sadece en büyük âlimlerini değil, aynı zamanda ahlâken en sağlam, amelen en muttakî ve her bakımdan en seviyeli hocalarını tutmuş, oğlunun şehzade olmasına bakmadan "Eti senin, kemiği benim" anlayışına uygun davranabilmiş, bir keresinde hocalarından biri tarafından (Molla Gürani) dövüleceği yolundaki şikayeti oğlu kendisine ulaştırdığında, onu korumak şöyle dursun, tam tersine, "Hocaların vurduğu yerde gül biter" demek basiretini göstererek hocaların otoritesini kırmaya yanaşmamıştır.

Bir annenin, gerektiğinde şefkatini saklayabilmesi, yerine göre otoriter, yerine göre yumuşak olabilme dengesini kurabilmesi çok nadir görülür. Ekseriya şefkatin dozunu fazla kaçırır, çocuklar bunu bencilce istismar edip şımarırlar.

Fatih'in annesi ise bu dengeyi son derece iyi kurmuş, şehzadenin hem sığınağı, hem yönlendiricisi, hem de korku odağı olabilmiştir.

Bunun neticesidir ki, Fatih, çocuk denebilecek yaşlarda İtalyanca dahil birkaç Avrupa lisanıyla birlikte mükemmel şiirler yazacak kadar Farsça öğrenebilmiş, gencecik yaşında ise "Feth-i Mübîn"i gerçekleştirebilmiştir.

Aslında bu muhterem validenin anlatılmaya dahi ihtiyacı yoktur. Çünkü eseri ortadadır: Fatih Sultan Mehmed.

MÜKEMMEL BİR BABA VE FATİHLEŞEN BİR EVLÂT

*F*ATİH'İN BABASI SULTAN II. MURAD hakkında, yerli tarihçilerle birlikte, yabancı tarihçilerin de verdiği ortak hüküm şudur:

"O mükemmel bir padişah, çok iyi bir insan, adalet yolundan asla ayrılmayan dindar bir kişi ve hayatının en verimli çağında saltanattan rızasıyla çekilebilecek kadar da fedakârdı." (Ders: İyi baba olmanın yolu, iyi insan olmaktan geçer.)

Biz hüküm mevkiinden çekilelim. Taraf olabilecekleri ihtimaline binaen yerli tarihçileri de hüküm mevkiinden çekelim. Sultan II. Murad hakkındaki değerlendirmeyi, ekserisi Osmanlı'ya düşman bazı müsteşriklere bırakalım.

Hammer diyor ki:

"30 yıl boyunca, Murad, imparatorluğunda şeref ve hakkaniyetle saltanat sürdü. Tebaası olan muhtelif kavimlerde, dindar, hayırhah, âdil ve kudretli bir hükümdar hatırası bıraktı. Harpte ve sulhta sözünün sadık eriydi. Sakin hayata aşkla bağlıydı. Kendi arzusuyla, bu aşk yüzünden, tahttan feragat etmesi, bütün Osmanlı tarihinde misli görülmemiş bir hâdise teşkil eder."

Ducass: "Faziletli ahlâka malik ve vicdanı pâk idi. İyi bir zat olduğu gibi, kalbinde hiç hilesi yoktu."

Chalcondyle: "Âdil ve insaflı bir padişah oldu." (Ders: Adil ve insaflı bir baba mıyız?)

Yine Ducass: "Allah bilir ki, Murad, halka karşı daima teveccühkâr ve fukaraya karşı cömertti. Bu lütuflarını yalnız kendi ırkından ve dininden olanlara değil, Hıristiyanlara da ibzal ederdi. Herhangi bir milleti sonuna kadar mahveylemek istemezdi." (Ders: Düşmanları tarafından bile hayırla yâd edilen bir baba olmaya özen gösterin.)

Fatih'in babası, bir fatihin babası olmaya gerçekten lâyıktı. Oğlunu, söze karışmaması şartıyla, daha pek küçük yaşında, müdavimi bulunduğu ilim meclislerine sokmuştur. Fırsat buldukça onun sıradan her baba gibi oynamış, elinden tutup camilere, medreselere, türbelere götürmüş, din ulularıyla tanıştırmış, feyizlenmesini sağlamıştır.

Baba, Müslümanın ezelî emeli, Peygamber tebşiri İstanbul'un oğlu tarafından fetholunacağını sanki keşfen bilmiş, oğlunu bir fatihe yaraşır tarzda yetiştirmek için gerekli her şeyi yapmış, hatta mukadder ve mukaddes fethi çabuklaştırmak, yahut da müstakbel Fatih'i büyük fethe fiilen hazırlamak maksadıyla, kırk yaşlarında tahttan feragat etmiştir.

Ya eğitimi hususunda gösterdiği dikkat ve titizlik? Meşhurdur: Oğlunun zaman zaman derslerinde tembellik ettiği yolunda Molla Gürani'nin yaptığı şikayeti dinledikten sonra, eline sağlam bir kızılcık sopası tutuşturmuş, tembelliğe devam ettiği takdirde bu sopayla şehzadeyi korkutmasını söylemiş; Molla Gürani, padişah fermanı gibi eline tutuşturulan kızılcık sopasıyla şehzadenin dersine girmiş, tembellik ettiği takdirde, üzerine bulaşan tembellik tozlarını sopayla temizlemekte tereddüt göstermeyeceğini bildirmiştir.

Unutmayalım ki, hocası tarafından dayakla tehdit edilen talebe bir şehzadedir, padişahın oğludur. Yine unutmayalım ki, o dönemin Avrupa'sında prensler daima hatasız kabul edilir, cezaya müstahak olmaları hâlinde bile, prenslerin yerine "şamar oğlanı" denilen başka çocuklar dövülürdü. (Ders: Çocuklarınızın eğitimiyle yakından ilgilenin.)

Sultan II. Murad'ın, fethin yakın olduğunu sezdiğine şüphe yok. Bu bakımdan tahtı dahil, ezelî aşkı vuslata erdirecek bütün imkânları oğlunun önüne sermiş, ceddinin ve kendisinin nice gayretlere rağmen ulaşamadıkları mukaddes hedefe her bakımdan şehzadesini hazırlamıştır. (Ders: Çocuklarınızın önüne hedefler koyun.)

Kuşkusuz en büyük eseri, Sultan II. Mehmed gibi müstesna bir kabiliyeti yetiştirip tarihe armağan etmesidir.

FATİH'İ YETİŞTİREN ÇEVRE

BİR TARAFTAN "İNSAN YETİŞMİYOR" diye ağlarken, bir taraftan da Fatihler yetiştirmiş bir milletin torunları olduğumuzu hatırlamamız lâzım. Acaba onlar nasıl yetişti?

Gelin Fatih Sultan Mehmed'i yetiştirenlere bakmaya devam edelim. Anne ve babasından sonra şimdi sıra yetiştiği çevrede...

Bir ev düşününüz ki, içinde yaşayanların hiçbiri, hiçbir sabah namazını kazaya bırakmıyor.

Bir ev düşününüz ki, günün her saatinde kubbeleri Kur'an tilavetinin insanı vecde getiren İlâhî terennümüyle yıkanıyor; odalarında, salonlarında, koridorlarında nâatlar, münâcatlar, ilâhîler dolanıyor.

Bir ev düşününüz ki, küçükten büyüğe herkes hayrat düşünüyor, iyilik konuşuyor; adımlar sevap ve günah kavramlarının şuurunda atılıyor.

Ve bir ev düşününüz ki, devrin en muttakî, en kabiliyetli âlimleriyle dolup taşıyor; askerlikten mantık ilmine, matematikten astronomiye, tarihten dünya siyasetine kadar çok şey bir arada konuşuluyor.

İşte bu Fatih'in evidir.

Buna saray değil de ev dememiz ise zühul eseri değildir. Çünkü İstanbul'un fethine kadar Osmanlı padişahlarının bir sarayı yoktur.

Sanki kendilerine sarayı çok görmüşler, İstanbul'u fethetmeden kendilerini saraylarda oturmaya lâyık bulmamışlardır.

Gerek Bursa'da, gerekse İstanbul'da, sıradan evlerden belki birazcık büyük meskenlerde ikamet etmişlerdir. İstanbul'u aldıktan sonra bile uzun müddet sadece Topkapı Sarayı'yla yetinmişlerdir.

Diğerleri (Dolmabahçe, Çırağan, Yıldız vs.) yıkılış devrinin mahsulüdür ve âdeta çöküşü şaşaa ile maskeleme endişesinden doğmuşlardır. Hepsi de Avrupa'ya karşı "Yıkılmadık, ayaktayız!" mesajı verme telâşının elemli mahsulâtıdır.

Ama Avrupa bu gösteriye aldanmamış, Osmanlı ihtişamının manadan maddeye, muhtevadan şekle intikalini dudaklarında müstehzi bir tebessümle seyretmiş, hatta borç para vermek suretiyle bu gösteriyi tuhaf bir intikam hissi içinde desteklemiştir.

Bir insanın yetişmesinde çevrenin önemini inkâr kabil değildir.

En azından üzerine titrenen kişinin çevre tarafından ifsat edilmemesi gerekir. Sultan Mehmed'in yetiştiği çevre olgun insanların olgunlaştırdığı bir çevredir.

Mahalle şuuruyla oluşmuş gözetim mekanizması, çocuğu hem gözlemlemede, hem de doğru örneklerle doğruya yönlendirmektedir.

Çocuklara "adam" muamelesi yapılmaktadır. Onlara selâm verilmekte, selâmları alınmaktadır. Böylece çocuk kendine güveni ve kişiliğine saygıyı öğrenmektedir.

En önemlisi herkes helâlinden kazanmakta, helâlinden yaşamakta, "Kalan alış-verişinizi komşu dükkândan yapın, o da nasiplensin" diyebilecek kadar tok gözlü davranmaktadır.

Gerçi büyük insan, sırf muhitin, çevrenin itelemesiyle değil, Allah vergisi kabiliyetlerini sonuna kadar seferber ederek geceli, gündüzlü çalışmak suretiyle yetişir... Ve büyük insanlar kendi muhitlerini, çevrelerini yetiştirirler.

İyi ya, Fatih'e gelene kadar Osmanlı padişahlarının hepsi, büyük oldukları için muhiti bu ölçüde teşekkül ettirmişler ve geleceğin fatihine sapa sağlam, dip diri, dinamik bir muhit intikal ettirmişlerdir.

Fatih biraz da bu muazzam mirasın eseridir.

FATİH'İN HOCALARI

"FATİH'İN HOCALARI" DERKEN, beşikten mezara uzanan ilim, takva ve terbiye zincirinin halkalarını bütün olarak düşünmek lâzımdır.

Önce Ebe Hatun: Ebeyi nine ile eşdeğer sayan, böylece bebeği dünyaya getiren emeği mükâfatlandıran töremize uygun olarak, Şehzade Mehmed, ebesini yarı anne saymış, ne ölçüde belirsiz, fakat mutlak surette ondan istifade etmiştir. İhtimal fetih menkıbelerini efsunkâr bir sır gibi kulağına fısıldayan odur. Ebe Hatun bugün Bursa'da Muradiye'de ebedî dünyasını yaşarken, bir büyük Fatih'in ebesi olmakla taçlanan şerefi hakkıyla taşımakta ve umarız cennete doğru kıyamet yürüyüşü yapmaktadır.

Yine fetih ruhunu Fatih'e aşılayanlar arasında dadısı Cemaleddin Beyzâde Ahmet Beyin kızı Hând Hatun'u zikretmek lâzım gelir. Bu muhterem kadının Edirne'de kendi adıyla, bir milletin ebedî minnet duygusunu dile getirircesine anılan bir mahallesi, bir camii, ayrıca İstanbul'da da iki camii mevcuttur.

Mütevazi gelirini şahsına sarf etmeyip camilere hasretmesiyle dinî seciyesi müseccel hâle gelen Hând Hatun'un, bakıcısı ve kısmen terbiyecisi durumunda olduğu şehzadeye cami yaptırmanın ya da kiliseleri camie tahvil etmenin faziletleri hakkında telkinatta bulunduğunu tahmin etmek zor değildir.

Ayrıca Fatih'in, fethi müteakip Ayasofya'yı derhal camiye çevirmesinde bu telkinlerin ne kadar rolü olmuştur? Bunu bilmiyoruz. Fakat çocukluk çağında yapılan telkinlerin katiyen boşa çıkmadığını biliyoruz. Ve bunun ışığında, fetihten hemen sonra Ayasofya'yı camiye çevirip ilk cuma namazını, iki gün sonra bu camide kılma aceleciliğinin kaynağını tahmin edebiliyoruz. Bu kaynak, kanaatimizce, cami yapma hasretlisi Hând Hatun'dur.

Lalası Vezir Zağanos Paşa: Fatih'e devlet idaresinin bütün inceliklerini öğreten, babasının Manisa'ya çekilmesiyle açılan taht yolunda genç hükümdarın kolundan tutup yürüten, sürekli şekilde kendisine güvenmesini, ama bu güveni asla kötüye kullanmamasını telkin edip karakterine padişahlık kıvamını veren müstesna insan...

Fatih'in Bizanslı ve İtalyan hocaları da olmuştur. İtalyanca hocası Ciriaco Anconitano ile meşhur İtalyan tarihçisi Giovanni Maria Angioello yabancı hocalarının başında gelir.

Diğer hocalarının başında ise Molla Yegan ve Şemsüddin Ahmed Molla Gürani vardır. Derslerinde tembellik etmesi hâlinde talebesini dövmek üzere bir sopayla derse giren meşhur molla, geleceğin fatihinin tâlim ve terbiyesiyle yakından meşgul olmuş, ecnebî hocaların, talebesinin ahlâkına tesir edebilecek telkinlerini kırmak için, hemen daima derslerinde hazır bulunmuştur. Fatih'in son oğlu Sultan II. Bayezid'in ise ilk şeyhülislâmı olma şerefini taşıyan bu muhterem hoca, İstanbul Taşkasap'ta kendi adını taşıyan mahallesindeki camiinde gömülüdür.

İstanbul'un manevî fatihi olarak hâlâ selâmladığımız Molla Gürani'nin yanı sıra, minnet duygusuyla andığımız diğer hocalar da geleceğin fatihine kâh edebiyat, kâh din ilimleri, kâh fen ilimleri, kâh askerlik öğretmişler; onu her bakımdan mükemmel bir insan, cihangir bir padişah, kısacası bir "Fatih" olarak yetiştirmek için ellerinden gelen bütün gayreti göstermişlerdir.

Yalnız aralarında bir tanesi var ki, talebesi kadar dikkat çekicidir. Bu ruh insan, bu vecd ve duyguyu realizmle bağdaştırabilmiş, birine öbürünü ezdirmemiş, yedirmemiş mütefekkir zat, gerektiğinde askerleşip büyük fetihte müritleriyle ön safa geçerken, gerektiğinde padişahına ve talebesine dünyanın bütün nimetlerini, lezzetlerini, kıymetlerini, kısacası padişahlığı el tersiyle ittirip alelâde bir derviş olmayı özletecek derecede engin bir ahiret duygusu aşılayabilecek kadar mükemmel bir ummandır.

"Adam gibi adam" yetiştirebilmek için, evvelâ "hoca gibi hoca" yetiştirmek gerekiyor. Örnek isterseniz Ak Hoca (Şemsüddin) yeter. Fatih'i dünyada benzerlerine rastlanabilen bir cihangir olmaktan çıkarıp benzersiz bir hükümdar yapan sâikın baş mimarı, Molla Ak Şemsüddin'dir.

Talebesinin ruhunu gergef gibi işlemiş, kozasını örmüş, nihayet ipekböceği kozasından çıkıp uçmaya başlayınca, kendisi için önünde tek bir rota bulmuştur.

Şehzade bu rotayı takiple fethi gerçekleştirmiştir. Fetih sırasında karşılaştığı muazzam güçlüklerle ümidi tökezler gibi olduğu bocalayış anlarında hep Ak Hocasını yanında bulmuş, Peygamber tebşirini onun sesinden her duyuşta âdeta yeniden dirilmiş, nice ümitsizliklerin, tersliklerin üstesinden gele gele yürüyüp Bizans kördüğümünü parçalamıştır.

Hoca, talebesinden kırk iki yaş büyüktür. Bu bakımdan münasebetleri hoca-talebe münasebetlerini çok çok aşmış, aynı mefkûreye, aynı ideale, aynı hasrete yürüyen bir baba-oğul münasebeti hâlinde kutsîleştirmiştir.

Köklü baba-oğul münasebetlerinden, iman ve tasavvuf dünyasından, nihayet İlâhî vecd ve mürşit-mürit bütünlüğünden habersiz olup, o günlere günümüzün dejenere kalıplarından, hele bir de geçmişin bütününe düşmanlık noktasından bakanlar, tabiatıyla o hâlet-i ruhiyeyi anlayamayacaklar, anlamak istemeyecekler, talebenin hocasının kapısında el bağlayıp boyun bükerek, "Sana bir hacet için geldim, beni halvete koyup irşat eyle" sözünü kötü niyetlerine, cehaletlerine, düşmanlıklarına ve saplantılarına bulayıp aşağılık iftiralarına güya delil yapacaklardır.

Bu kerih iftirayı Fatih'e ve mürşidine atanların seciyesi, özel hayatlarındaki davranış bozukluklarıyla sabittir. İhtimal hayatlarında normal saydıkları ve belki de müptelâsı oldukları gayr-i meşru münasebetleri, Fatih'ten referans gösterip meşrulaştırmak emelindedirler.

Ne sanıyorlar? Büyük emeklerle vücuda getirdiği üniversiteye (Sahn-ı Semân) talebe olmayı padişahlıktan bile üstün görüp kayıt için müracaat eden, ama kendi tayin ettiği müderrisler tarafından "Padişahım, buraya imtihansız girilemez" ikazı üzerine "Fatih" unvanına rağmen sıradan bir yetim talebe gibi müderrislerin önüne diz çöküp soruları tek tek cevaplandıran ve ancak ondan sonra talebeliğe kabul edilen, yani ebedî medrese talebeliğini padişahlığa yeğ tutan Sultan II. Mehmed'i birkaç iftira çamuruyla gözden mi düşürecekler?

Ak Şemsüddin'i ne sanıyorlar? O sıradan bir cami imamı, sıradan bir âlim, sıradan bir mü'min mi ki sahte bir fiskeyle devrilsin?

O, yalnız Müslümanlar tarafından değil, Hıristiyanlar tarafından da hürmetle anılan bir "cevher insan"dır. İstanbul'un mânevi fatihidir. Ve harap hâlde ele geçirilen şehri yeniden inşa eden aksiyonun merkezidir. Ayrıca Eyüb Sultan'ın kayıp kabrini keşfeden bir büyük velidir.

O kadar büyüktür ki, huzurunda Fatih bile erimekte, tiril tiril titremektedir. Fatih'in, Vezir-i Âzamı Mahmud Paşa'ya şikayeti meşhurdur: "Bu pîre (Ak Şemsüddin'e) hürmetim ihtiyarsızdır. Yanında heyecanlanırım, ellerim titrer."

O kadar büyüktür ki, İstanbul fethinden hemen sonra yapılan ilk divan toplantısında, Fatih komutanlarının huzurunda, fethiyle değil, Ak Şemsüddin'le övünmüştür:

"Bu ferah ki bende görürsüz; yalnız bir kal'a fethünden değildür. Ak Şemsüddin gibi bir pîr-i azizin, benum zamanımda olduğuna övünürüm."

Ya mürşidin gözünde, müridin vaziyeti nedir?

Ak Şemsüddin için II. Sultan Mehmed bir şahıs değil, bir semboldü. Zira Hoca, cihanın, yeni çağa, talebesinin yüreğinden geçilebileceğini biliyordu. Hoca öyle olunca, elbette ki öğrencisi böyle olur.

Görüldüğü gibi, Fatih'i yetiştiren şartların çoğu, günümüzde de geçerli. Onlar "cevher insan" yetiştirme metodunun ipuçlarını veriyor. Biraz şartlara ve ihtiyaçlara uygun şekle getirilebilse, çocuklarımızı yetiştirmekle mükellef anne, baba ve öğretmenlerin sık düşündüğü "Adam gibi adam nasıl yetişir?" sorusunun cevabı bulunmuş olunur.

HEDEF YA DA MENZİL

HEDEFLERİMİZ KISA... O kadar kısa ki, ufkumuzu daraltıyor. Oysa hedeflerimiz uzun olmalı... Ne kendi hayatımızla sınırlanmalı, ne fani dünya ile... Bunun ne anlama geldiğini, dilerseniz Sâre Hatun'la, Fatih Sultan Mehmed arasında geçen bir konuşmanın ışığında çözmeye çalışalım

Bu konuşma Pontus (şimdiki Trabzon'un bulunduğu topraklardaki eski Bizans İmparatorluğu) Seferi sırasında, Karadeniz'in amansız dağlarında geçer.

Fetih ordusunda Sâre Hatun isimli çok muhterem bir kadın da bulunmaktadır. Bu kadın Akkoyunlu Hükümdarı Uzun Hasan'ın annesidir. Fatih'e, oğlu tarafından ricacı gönderilmiştir. Uzun Hasan, Fatih'i bu seferinden vazgeçirmek istemektedir. Çünkü Uzun Hasan, Pontus İmparatoru David Komnenos'un yeğeniyle evlidir. Aralarında akrabalık vardır.

Pontus İmparatoru David, Uzun Hasan'dan yardım istemiş, bunun üzerine Uzun Hasan, Fatih'e annesini ricacı göndermiştir.

Sâre Hatun, Fatih'le uzun uzun görüşmüş, Fatih öylesine etkilenmiş, Sâre Hatun'un faziletine, dürüstlüğüne, yiğitliğine öylesine hayran olmuştur ki, kısa bir süre sonra ona "Sâre Ana" demeye başlamış ve isteği üzerine de yanına almıştır.

Sâre Ana iki arada bir derede kalmıştır. Kâh oğlunun ricalarını tekrarlamakta, Fatih'i Pontus Seferinden vazgeçirmeye çalışmakta, kâh dinî inançları evlât sevgisine galip gelmekte, Fatih'i "küffar üzre sefere" teşvik etmektedir.

Pontus Seferi çok çetin şartlarda geçer. Karadeniz'in geçit vermez sarp kayalıkları, özellikle de Zigana Dağları'nın karlı yamaçları dize gelmez. Padişah bile sık sık atından inip yürümek, tırmanmak, hatta sürünerek gitmek zorunda kalır.

Böyle çetin bir mücadelenin sonunda mola verildiği bir sırada Sâre Hâtun, genç padişaha sokulur. Padişah ter içindedir. Tırmanırken dizi kanamış, gömleğinin yakası yırtılmış, hafif olsun diye başına sardığı ak tülbent tozdan ve terden kararmıştır. Cihan Padişahı sıradan, gayretli bir yeniçeriye benzemiştir. Sâre Hâtun'un ana yüreği bu görüntüye dayanamaz:

"Şevketlü oğlum," der, "bu Trabzon'a bunca zahmet nedendür? Bunca zahmete, meşakkate değer mi? Gelinime bağışlayıver gitsin."

Elinin tersiyle alnındaki teri silen Fatih, şu cihana bedel cevabı verir:

"Ey Ana, bu zahmet din yolundadır. Zira bizum elumuzda İslâm kılıcı vardur, eger bu zahmeti ihtiyar itmez isek bize gazi dimek yalan olur!"

Güzel olan ne biliyor musunuz? Fatih Sultan Mehmed gibi bir "Veli Padişah", hedefini sadece ahirete dönük tutmuyor, öyle bir hedef belirliyor ki kendine, hem dünyayı kucaklıyor, hem de ebediyete (ahirete) geçiyor. Yani dünyadan taşıp ebedileşiyor.

İşte gençlerimizi hedef sahibi olma konusunda teşvik ederken, Fatih'in sahip olduğu "hedef gibi hedef"ten söz ediyorum. İstanbul fatihi sağlam bir Müslüman, çok iyi bir mü'min, halis bir dindar, İlâhî hükümlere mana ve madde plânında sıkı sıkıya bağlı bir kul, nihayet iyi bir devlet adamı, hukukçu ve askerdi.

Müslümanların sekiz yüz küsur senelik fetih hasretini ancak böyle biri dindirebilir, fetih rüyasını böyle biri gerçekleştirebilir, Peygamber övgüsüne böyle biri mazhar olabilirdi.

Ne zaman mürit, ne zaman mürşit, ne zaman derviş, ne zaman padişah olacağını çok iyi bilen bu komple şahsiyet Ak Şemsüddin gibi bir ruh deryasının içinde yıkanmasaydı (demek hoca önemli), acaba bu kemale erişebilir, bu dengeyi kurabilir miydi? Sultan II. Murad gibi fedakârlık timsali bir babanın olgun ellerinden namluya sürülmeseydi (demek babanın babalık görevi yapması önemli), Konstantiniyye'nin tepesine gülle misal düşebilir miydi? Hümâ Hatun gibi bir annenin telkinleri, tavsiyeleri, ahlâk ve fazilet aşısı olmasaydı (demek anne de önemli) devrinin zirvesine çıkabilir, zirvede kalabilir miydi?

Dünün şevketi, izzeti, gayreti nasıl bu unsurların ihyasında yatıyorsa, bugünün sefaleti, hezimeti, gafleti de aynı unsurların ihmalinde yatıyor.

Kısaca, bu unsurların mükemmelliği ölçüsünde fert ve toplum mükemmelleşir.

İNSAN+HEDEF+GAYRET=ZAFER

SULTAN II. MEHMED henüz yedi yaşlarındayken hocası Molla Ak Şemsüddin kulağına eğildi ve başarının en önemli kuralını fısıldadı: "Hedefini tespit et!"

Önce hedef belirlendi: "Konstantiniyye mutlaka fethedilecektir."

Ak Şemsüddin hedef tespitinden sonrasını da söyledi:

"Dağ ne kadar yüksek olursa olsun, yol onun üzerinden geçer. Sen dağ olmaya heveslenme, asla gururlanma; yol ol ki, herkes senin üzerinden geçerken, sen dağların bile üzerinden geçesin."

"Hocam, ya şartlar elverişli olmazsa?" diye sordu. Ak Şemsüddin hiç duraksamadan cevap verdi:

"Şartlara teslim olmazsan şartlar değişir, sana teslim olurlar. Çok çalışır, çok dua eder ve çok istersen Allah'ın rahmeti tecelli eder, rahmet tecelli ettiğinde nice olmazlar olur."

Ve Sultan II. Mehmed, günü gelince, çocuk yaşına bakmadan öncelikle Bizans'ın fethini düşleyip sonrasında konuşmaya başladı.

Çandarlı Halil Paşa, gencecik padişahın niyetini duyar duymaz telaşlandı. Sadrazamdı. Sadrazam olarak genç padişaha yol göstermek gibi bir sorumluluğu vardı. Bu çocuk (padişah) bir çocukluk edip Bizans'ın üzerine yürümeye kalkarsa, alimallah Osmanlı mülkü pay-mal olabilir, hatta elden gidebilirdi. Ümmet-i Muhammed'i bir aceminin aceminliğine kurban etmeyecekti. İkaz görevini yapacak, kelle pahasına olsa bile padişahı bu maceradan vazgeçirecekti.

Bir gün hışımla genç padişahın huzuruna girdi ve selâmı bile unutup sordu:

"Sen ümmet-i Muhammed'i hisar önünde telef etmek mi istersün?"

Genç Hünkâr, baba yadigârı sadrazamının öfkelenmesinin sebebini az çok tahmin etmişti. Fakat ağzından duymak istiyordu:

"Kangi sebepten ümmet telef olubdur koca vezirum?"

"Bizans'ı feth itmeğe and virmişsün. Ümmetun telefatine başkaca sebep ne lâzım?"

"Beli, and virdük. Ya biz Bizans'ı, ya Bizans bizi alacak dedük! Bir mahzuru mu var?"

"Elbette!" diye cevap verdi sadrazam, konuşurken uzunca sakalı titriyordu: "Elbette ki mahzuru var, Bizans fethi şu sıralar olmayacak duadır ki, akl-ı selim olmayacak duaya hiçbir vakit amin dimez."

Sultan II. Mehmed gülümsedi:

"Kangi duayı kabul edeceğini ancak Hak Teâlâ bilür. Biz sadece arzımızı yapar hükm-i İlâhiyi râm olub bekleriz."

Kalktı, sadrazamına doğru birkaç küçük adım attı. Gözlerine baktı:

"Her daim dimez misin ki, kul kısmı gaza yolunda elinden geleni yapmakla mükellefdur. Biz dahi muştunun (fetih müjdesinin) tahakkuku cihetinde say edeceğiz. İnşaallah-u Teâlâ fetih mukarrerdir."

"Nereden belli ki?"

"Doğru, henüz belli değil. Zaten teşebbüs olmadan tahakkuk olmaz. Biz dahi teşebbüs üzereyiz."

Koca sadrazamın aklı bu işe bir türlü yatmıyordu. İkna olmamıştı.

"Baban alamadı, ondan öncekiler de alamamıştı, sen nasıl alacaksın?" dedi hafiften alaycı...

Bunu kendisi de Ak Hoca'sına sormuştu:

"Ben benden öncekilerden daha iyi hükümdar, daha dirayetli kumandan değilim, üstelik de tecrübe mahrumuyum, bıyığını balta kesmez koca yeniçeri ağalarının nazarında çocuk bile sayılırım; böyle iken benden önceki padişahların alamadığı Konstantiniyye'yi ben nasıl alacağım?"

Ak Şemsüddin bıyıkaltı gülümsemiş, ama müthiş bir imanla cevap vermişti:

"Endişe etme, feth-i mübin, bunca yıldır seni bekler. Sen Peygamber'inin adaşısın: Konstantiniyye Peygamber müjdesidir. Hazret-i Muhammed'in müjdesi Sultan Muhammed tarafından gerçekleştirilecek. Bundan imanım gibi eminim."

Genç hükümdar, Hoca'sıyla aralarında geçen konuşmayı hatırlayınca dirildi. Pencereye döndü. Bir süre yeniçerilerin koşuşturmalarını seyretti. Onlar fethe inanıyordu. Ama yaşlı sadrazamını henüz inandıramamıştı.

Yüreğine ince bir sızı girdi. Bir an için endişelendi. Ne de olsa yaşlı sadrazamın müthiş bir tecrübe birikimi vardı. On beş yaşından beri devlet hizmetindeydi. Kendisi ise on beş yaşını geçeli ancak birkaç yıl olmuştu. Bu açıdan şartlar aleyhine görünüyordu.

Fakat şartlara teslim olmayacaktı. Çandarlı'ya döndü:

"Bak a vezirim," diye söze başladı, öfkesini tereddüdüne sarıp yutkunarak; "ben ne babama benzerim, ne babamdan öncekilere. Şimdiki zaman başkaca zamandır. Çaresi yok fetih olacak."

İhtiyar sadrazam, tezini savunma kararlılığı içinde tek geri adım atmadı:

"O zaman bil ki, bunun mes'uliyeti tamamıyla sana aittur, çünkü akıbeti hayır görmüyorum. Bizans İmparatoru unvanını alayım derken, korkarım padişahlıktan da olacaksın. Bu ne hırs!"

Padişah ilk defa öfkelendi:

"Hırs değil iman!" diye bağırdı, "dedik a, ya biz onu, ya o bizi! Hakikatli hükümdar olmanın başkaca çaresi yoktur."

"Elinde olanla yetinsene."

"Elimdekiyle yetinirsem elimde olan da gider Çandarlı, ne belledin! Zirvede durulmaz, ya devamlı tırmanırsınız ya da aşağı kayarsanız. Ben gencim, tırmanacağım!"

Çandarlı çıkmak için toparlanırken:

"Ben söylemiş olayım, Hak Teâlâ ve kulu nezdinde mes'uliyetten kurtulayım da, sen yine ne ki istersen yap, padişah sensin."

"Şükrolsun biz padişah-ı cihanız ve Konstantiniyye'yi fethedeceğiz."

"İmkânsız" diye dudak büzdü Çandarlı Halil Paşa.

"Neden koca vezir?"

"Çünkü surlar çok muhkemdir, muhkem surları yıkacak cesamette (büyüklükte) topumuz yoktur."

Genç hükümdarın karşısına yine şartlar ve sebepler çıkmıştı. Ak Şemsüddin Hoca'nın sözlerini hatırladı. Gülümseyerek sordu:

"Surları yıkacak toplar günün birinde yapılacak mı?"

"Evet," dedi sadrazam, "günün birinde herhal yapılır."

Genç hükümdar kükredi:

"İşte bu gün o gündür vezirim! Toplar dökülecek. Surlar yıkılacak. Bizans fethedilecek. Bunu yapacak Padişah karşında duruyor."

Ne demişti Ak Hoca:

"Şartlara teslim olmazsan şartlar değişir, sana teslim olurlar. Çok çalışır, çok dua eder ve çok istersen Allah'ın rahmeti tecelli eder, rahmet tecelli ettiğinde nice olmazlar tahakkuk eder (gerçekleşir)."

Şartlar değişti, Bizans teslim oldu, çünkü rahmet inmişti. Bakın nasıl?

Bizans İmparatoru Konstantin Dragazes'in hizmetinde Macar asıllı bir top dökümcüsü (mühendis diyebiliriz) vardı: Urban Usta. Tam o sırada, imparatorla arasında küçük bir ücret anlaşmazlığı oldu. Bu yüzden Urban Usta pılısını pırtısını topladı ve Edirne'ye gitti. Padişahla görüşmek istedi. Topçu olduğunu söyleyince, padişahın bu işle çok ilgilendiği bilindiğinden, hemen huzuruna çıkardılar. Urban Usta yanında getirdiği plânları padişahın önüne koydu:

"Bunlar," dedi. "Bizans'ı koruyan surların plânıdır, tarafımdan en zayıf noktalar tespit edilmiş ve işaretlenmiştir."

Ardından başka bir deri heybe açtı.

"Bunlar da işaretlenmiş yerleri yıkacak kuvvette gülleler atabilen topların plânlarıdır. Bana imkân ve fırsat verirseniz sizin için bu topları dökerim. Siz de surları yerle bir edersiniz."

Rahmet tecelli etmişti. Geriye şükür ve gayret kalıyordu.

Müverrih Tursun Bey, kendi adını taşıyan tarihinde der ki:

"Çün erkân-ı devlet vü mülâzımân-ı hazret kal'anun kapularun açdılar, Sultan Mehemmed-i Gazî, Hazret-i Muhammed-i Arabî aleyhi efdalü's-salavât, Burâka binüp seyr-i cennet ider gibi, ulema ve umerâsı ile kal'ayı teşrif buyurdu."

Öncelikle belirtmeliyim ki, Sultan II. Mehmed'in doğduğu dünyada, bir fatihin yetişmesi için gerekli maddimanevi tüm şartlar hazırdı. Osmanoğlu'nun elinde, Malazgirt zaferinden itibaren oluşan aynı kıble eksenli, Kur'an orijinli insan kaynakları vardı. Mesela tarih, Molla Gürani gibi, Ak Şemsüddin gibi, Molla Hüsrev gibi cevherlerin aynı dönemi paylaşmalarına pek nadir şahit olmuştur. Bu bilim ve yürek adamları ise sadece aynı dönemi paylaşmakla kalmamış, aynı çocuğu, aynı anda beslemek gibi İlâhî bir tevafukun unsuru olmuşlardır.

•••

Dikkat! "Fetih ekseni" birbirini tamamlayan üç "âbide insan"dan oluşuyor. Biri Fatih Sultan Mehmed, ikincisi Ak Şemsüddin, üçüncüsü Ulubatlı Hasan...

Ulubatlı Hasan toplumsal terbiyenin cihad ruhunu, Ak Hoca Kur'an ve Sünnet gibi dinin temel kaynaklarını, Sultan Mehmed ise adaletli, kifayetli ve liyakatli yönetimi temsil ediyor.

Millet bu üçlüyü yetiştirdiği zaman başarı yolları tekrar önünde açılacaktır.

Sihirli formül şudur: İnsan+Hedef+Gayret=Zafer

•••

Fatih Sultan Mehmed Han, iki tarafında hocaları, hocalarının yanında vezirleri, beyleri, komutanları, arkasında peygamber müjdesine mazhar bir cennet ordusu ile Roma'nın yüreğine girdi. Atını doğruca Ayasofya'ya sürdü ve o tarihte Ayasofya'nın içi henüz resim dolu olduğu için avlusunda iki rekat "şükür namazı" kıldı.

Hemen sonra Hıristiyan halka hitaben bir "Amannâme/Hak ve Özgürlükler Belgesi" yayınladı. Altında sadrazam olarak Zağanos Paşa'nın "el-fakir Zağanos" şeklinde imzası (kendisini tüm beşerî unvanlardan soyutlayıp fakrında aczini rütbe yapması o günkü insanın karakteri hakkında temel bir fikir verir sanıyorum), üstünde ise Fatih'in tuğrası bulunan "Amannâme", "Biz ki, emir-i âzam sultan-ı muazzam Murad Han oğlu padişah-ı muazzam ve emir-i âzam Sultan Muhammed Han'ız! Yerleri ve gökleri yaratan Allah adına, büyük Peygamberimiz Muhammed Mustafa Aleyhisselâm adına, yüce kitabımız Kur'an-ı Azimüşşan adına, Allah'ın yüz yirmi dört bin peygamberi adına, büyük babamız, babamız ve oğullarımız adına, kuşandığımız kılıç adına yemin ederiz ki..." diye başlıyor.

Fatih Sultan Mehmed, inanmayan, ayrı dinden, ayrı dilden, ayrı kılık kıyafetten, üstelik birkaç gün öncesine kadar kılıç kılıca savaştığı bir halka, bugün bile ulaşmaya çalıştığımız bazı temel hak ve özgürlükler bahşediyor.

Sadece kendi çağını değil, bugün "demokratik" geçinen bazı ülkelerdeki insan hakları uygulamalarını bile çok çok aşan meşhur "Amannâme"siyle, Fatih'in, Hıristiyan halka verdiği hak ve özgürlükler beş ana maddeden oluşuyor:

1. İnanç özgürlüğü
2. İbadet özgürlüğü
3. Kıyafet özgürlüğü
4. Seyahat özgürlüğü
5. Ticaret özgürlüğü

Bu muhteşem insan hakları belgesine, tüm insanlığın ihtiyacı var. Her şeyi kendi inanç, itikat, siyaset, kıyafet ve ideolojik tercihleri çerçevesinde şekillendirip herkese dayatan "güç odakları"nın, yüzlerce yıl öncesinden kalmış bu "insan hakları belgesi"nden, "insanlık onuru" adına almaları gereken çok büyük dersler var.

KALICI HEDEF BELİRLEME VE FATİH ÖRNEĞİ

*O*SMANLI DEVLETİ kuruluşundan itibaren kendine bir hedef belirlemişti: Konstantiniyye/İstanbul.

Hedef öylesine belirgindi ki, Osmanlı Devleti'ni kuran Kayı Han Aşireti, Anadolu'ya girer girmez yönünü İstanbul istikametine dönmüştü.

Söğüt'e yerleşip biraz kök tutunca civardaki Bizans kalelerini fethedip İznik'e yürüdüler. Sonra Rumeli'ne geçtiler, Rumeli kıyılarını fethettiler.

Orhan Gazi, Bizans'ın iç işlerine karışıyordu.

Yıldırım Bayezid ise resmen Bizans üstünde hak iddiasındaydı.

•••

Bugünün gençliği maksatsız ve hedefsiz. Yürekleri belirli hedeflere kilitlenmemiş. O zaman da ne yapacaklarını, nasıl yapacaklarını bilemiyorlar. Ve başarılı olamıyorlar.

Her genç şu sorulara öncelikle cevap vermeli:

1. Hedefim nedir ve nerededir? (Hedefin ebedî olmasına azami dikkat.)
2. Hedefime hangi vasıtalarla ulaşabilirim? (Vasıtaların meşruiyetine dikkat.)
3. Neden ulaşmalıyım? (Maksada dikkat.)
4. Hedefe ulaşmayı yeterince istiyor muyum? ("İstiyor gibi yapmak"la "gerçekten istemek" arasında önemli farklar bulunuyor.)

"Gerçekten istemek" Sultan II. Mehmed'in Konstantiniyye (Bizans) fethini istemesi gibi olmalı!

"Ya ben Bizans'ı alırım, ya Bizans beni alır!" diyecek kadar...

Kendinizi ortaya koyacak kadar istediğiniz hâlde ulaşamadığınız kaç şey oldu sahi?

Madem ki örneğimiz Sultan Mehmed, onun yalnızca "idealinin amelesi" oluşuna bakalım.

Sultan II. Mehmed, 50.000 kişilik ordusunun başında geldi, bugün Rumelihisarı adıyla anılan mevkide durdu. İstanbul'u fetih maksadıyla, dedesi Yıldırım Bayezid'in inşa ettirdiği Anadoluhisarı (Güzelcehisar) tam karşısındaydı. Bir tepeciğin üstüne çömelen padişah, uzun uzun Güzelcehisar'a baktı. İyi düşünülmüş, yeri de iyi seçilmişti. Ancak bu hisarın tek başına boğazı kontrol altında tutması imkânsızdı. Karşısına bir hisar daha inşa edilmeli, Bizans'ın şahdamarı kesilmeliydi. Böylece Bizans'ın dünya ile irtibatı kopacak, son ikmal yolu da tıkanacaktı. Hisar tam bir boğazkesen olacak ve lâyık olduğu isim kendisine genç hakan tarafından verilecekti.

"Muradımız şudur ki, bu mevkide bir hisar yapıla. Muhkem ola, boğazı kese ve iznimiz olmadan kuş uçurtmaya..."

Hemen oracıkta hisarın şeklini kâğıt üstünde tespit etti. Mimar Müslihüddin Ağa'yı çağırdı. Tespitlerini plâna geçirmesini buyurdu. Gereken bazı düzeltmeleri yine bizzat padişah yaptı ve hemen inşaata başlandı. (21 yahut 26 Mart 1452.)

Padişah başta olmak üzere herkes çalışıyor, yaşlı vezirler, pir-i fâni din âlimleri taş ve kireç taşıyorlar, temel kazıyorlar, ayrıca on bin civarında işçi de durmaksızın iş görüyorlardı.

Lütfen manzarayı tahayyül etmeye çalışınız.

Devrin en büyük hükümdarlarından biri olan Sultan II. Mehmed, koca bir kayayı kucaklamış götürüyor. Her biri cihana bedel âlimlerden Molla Hüsrev –ki Padişaha sadece ismiyle hitap etme imtiyazındaki nadir simalardandır– temel kazıyor, mevkice Avrupa imparatorlarıyla eşdeğer sayılan vezirler harç karıyor.

Hiçbiri mevkiine, makamına, rütbesine, şöhretine aldırmıyor. İçlerinde küçük bir gurur kırıntısı dahi yok. İşçilerle, yamaklarla, kalfalarla, yeniçerilerle bütünleşmişler, maksatlarına hizmet ediyorlar.

Formül şu: Hedef Konstantiniyye... Araç Boğazkesen Hisarı... Maksat "ilâ-yı kelimetullah" (tevhit inancını yaymak)...

Hedefe ulaşmayı o kadar çok istiyorlar ki, mevki ve makamlarına bakmadan, amelelik dahil, her işi derin bir vecd içinde yapıyorlar.

Acaba o sıralar Bizans yöneticileri ne yapıyordu? Şarap içip sarhoş olmaktan, rakkase oynatıp eğlenmekten ve mevkilerine mağruren süslenip püslenerek etrafa caka satmaktan başka?

Bizans'ı yere seren gafletle, genç padişahı "Fatih" yapan farka dikkat!

İşte bu farktır küçücük bir aşireti, çok kısa sayılabilecek bir zaman dilimi içinde imparatorluk eşiğine getiren, Konstantiniyye'nin kapılarıyla birlikte yeni bir çağın kapısını da açtıran...

Bu farktır Osmanlı'yı üç kıtanın hâkimi, Avrupa'nın hâmisi yapan; dünya örneği bir medeniyete, güçlü bir askerî teşkilâta, sapa sağlam bir ekonomiye ve kıldan ince kılıçtan keskin bir adalete sahip kılan... Yine bu farktır devleti yenilmez, milleti ezilmez yapan...

Bu fark kaybolmaya başlayınca yalpaladığımızı, nihayet tökezlediğimizi fark edebiliyor muyuz acaba?

KARADA YÜZEN DONANMA

O GÜN, ORADA GENCECİK BİR PADİŞAH, önce imkânsızlığı yendi, sonra Bizans'ı... Pek çoğumuzun "pes" edeceği durum karşısında müthiş bir sabır ve irade imtihanı vererek galip çıktı.

Önce olayın kısacık hikâyesine bakalım:

Bizans, 06 Nisan 1453 sabahı 150.000-200.000 arası olduğu çeşitli kaynaklarda belirtilen Osmanlı ordusu tarafından son kez kuşatıldı.

Bu arada Osmanlı donanması Haliç'in girişine dayanmış, Sarayburnu önlerinde demirlemişti.

Ordu, merkez, sağ ve sol olarak üç kısma ayrıldı. 19 Nisan'da yapılan ilk saldırıda, tekerlekli kuleler kullanıldı ve bu saldırı ile Topkapı surlarından burçlara kadar yanaşıldı.

Çok şiddetli çarpışmalar oluyor, Bizanslılar şehri koruyan surların zarar gören bölümlerini hemen tamir ediyorlardı. Venedik ve Cenevizliler de donanmalarıyla Bizans'a yardım ediyorlardı. Kara ordusu sıkışmıştı. Donanmanın devreye girmesi lâzımdı.

Sultan II. Mehmed böyle düşünüyordu. Fakat donanmayı devreye sokamıyordu. Çünkü surlarının zayıf olduğu İstanbul'un Haliç tarafına zincir gerilmişti. Osmanlı donanmasının Haliç'e girişi böylece engellenmişti.

Bizans'ın fethi, Osmanlı donanmasının Haliç'e indirilmesine bağlı görünüyordu. Sultan II. Mehmed, geceler boyu düşündü. Böyle elleri-kolları bağlı bekleyemezdi. Bir şeyler yapmalı, bir an önce Bizans'a girmeliydi.

"Çare olur" diye düşündüğü herkese sordu. Lâkin kiminle konuştuysa, bunun "imkânsız" olduğunu söylediler...

Fakat genç padişah, hiçbir imkânsızlığa teslim olmak istemiyordu. Aradığı çare, çaresizlikten çıkacaktı. Buna inanıyordu.

Düşündü, düşündü... Umudunu hiç yitirmedi, Bizans'ı fethetme kararından hiç vazgeçmedi...

Derken, kafasında bir şimşek çaktı, bir fikir dolandı. "Olabilir" diye söylendi kendi kendine...

Osmanlı donanmasına ait bazı gemiler karadan çekilerek Haliç'e indirilecekti. Aklına gelen "son çare" buydu.

Kurmaylarından bazıları bunun mümkün olduğunu, bazıları ise "imkânsız" olduğunu söylediler.

"İmkânın sınırını görmek için imkânsızı denemek lâzım" dedi padişah, "Tiz hazırlanasuz, gemiler karadan yürütülecek, daha da olmazsa havadan uçuracağız!"

Gemileri uçurmayacaktı elbette, sadece hiçbir engel yüzünden fetih yolundan dönmeyeceğini, olumsuz hiçbir şarta teslim olmayacağını söylemeye çalışıyordu.

Kısacası, fetih konusundaki kararlılığını vurguluyordu.

Önce kurmaylarıyla birlikte bölgeyi gezdi. Ölçüp biçtiler ve denemeye karar verdiler.

Bu karardan hemen sonra çalışmalar başlatıldı. Tophane önündeki kıyıdan başlayıp Kasımpaşa'ya kadar ulaşan bir güzergâh üzerine kızaklar yerleştirildi.

Gemilerin, kızakların üzerinden rahatça kayması için, Galata Cenevizlilerinden zeytinyağı ve tereyağı dahil, bulunabilen her türlü yağı satın alarak kızakları yağladılar.

21-22 Nisan gecesi 67 (ya da 72) parça gemi düzeltilmiş yoldan Haliç'e indirildi.

Haliç'teki Osmanlı donanmasına ait toplar surları dövmeye başlayınca, Rumlar gözlerine inanamadılar.

Olmayacak bir şey olmuş, imkânsızlık ve olumsuzluk, kararlılık karşısında bir kez daha yenilmişti. Bu azmin zaferiydi.

•••

"Normal insanlar", hayatı en kolay taraflarıyla yaşamaya çalışırlar.

Bazılarımız "zor" karşısında pes ederiz, bazılarımız, "çok zor" karşısında yelkenleri suya indiririz.

Bazıları da var ki, "zor"u ve "çok zor"u rahatça aşar, hatta "imkânsızlık" karşısında bile vazgeçmezler.

Tarihe şan verenler "imkânsızlıklar" karşısında "pes etmeyenlerdir!"

Hatırlayalım: Sultan II. Mehmed'in büyük bir donanması vardı. Ondan başka, iyi eğitilmiş, deneyimli askerleri vardı. Ve koca "Şahi" topları, mancınıkları, kuleleri vardı.

Ama eğer "olmaz"ı oldurup gemileri karadan yürütmeseydi, elindeki imkânları kullanamayacak, dolayısıyla, Doğu Roma İmparatorluğunun 1125 yıllık başkenti İstanbul'u fethedemeyecekti.

RUM EFSANELERİ VE FATİH'İN AMACI

FATİH SULTAN MEHMED HAN, fethettiği beldelerin insanlarının hakkını, hukukunu gözetirdi. Bizans'ı fethettiğinde yerli halkı inancında, ibadetinde, kıyafetinde, ticaretinde ve seyahatinde serbest bırakmıştı. Fakir Rumlar, onun zamanında refah yüzü gördüler ve bu sebepledir ki, fethi benimsediler.

Fethin hemen ertesi günü, onca işi varken, kalkıp Grand Dük Notaras'ın sarayına gitti. Böylece Grand Dük'ün hem ziyaretini iade etti, hem de hasta olan eşine –ki bir Bizans prensesiydi– geçmiş olsun dileklerini bildirdi.

Bir cihan padişahının en büyük zaferinin hemen ertesi günü, en büyük düşmanının ayağına gitmesi, bugünkü diplomatik nezaket anlayışının dahi üzerinde çok nazik, çok zarif bir davranıştır. Müteakip günlerde ise Rumların "Ortodoks Cihan Patriği" seçtiği Georgios Skolarios'un (Gennadios unvanıyla) patrikliğini tasdik ederek, üstelik yemeğe çağırarak uzun uzun sohbet etmesi, Ortaçağ şartlarında hiç rastlanmamış bir hâdisesidir.

Fatih bu kadarla da yetinmiyor, Patriği devlet protokolünde vezirlerin sırasına alıyordu. İsteseydi bunların hiçbirini yapmayabilirdi. Hatta Hıristiyanların serbestçe âyin yapmalarını, kiliselerde toplanmalarını yasaklayabilirdi. Fatih'i bundan alıkoyacak beşerî bir güç yoktu. Fatih iki sebepten bunu yapmadı.

1. Dinî inançları, zalim ve zorba olmasına engeldi. Aldığı terbiye müşfik, anlayışlı, müsamahakâr olmasını gerektiriyordu. O sağlam bir mü'mindi. "Dinde zorlama yoktur" hükmüne ters düşecek bir tavır takınamazdı.

2. Yıkıp yakmaya değil, imar ve inşaya gelmişti. Hatta hâdiseyi sıradan bir fetih olarak da görmüyor, bir Peygamber vasiyetinin ihyası şeklinde mütalâa ediyordu. Bunu lekeleyemez, müjdelenmiş fethi kirletemezdi.

Buna rağmen Avrupalılar Fatih'i sevmez. Yunanlılar ise Bizans'ı diri tutmaya çalışırlar. Bunu da efsaneler ve menkıbelerle yaparlar. Yunanlı çocukların okudukları ders kitaplarına geçmiş bazı Bizans efsaneleri var ki, insanı gülmekten kırar geçirir. Birkaç tanesini örnek ve ibret olması açısından sunuyorum:

Canlanan Balık Efsanesi: Güya, Sultan II. Mehmed'in Bizans'ı kuşattığı günlerde bir papaz göl kıyısında balık kızartıyormuş. O sırada yanına gelen biri, Osmanlıların şehre girmek üzere olduklarını söylemiş. Papaz böyle bir şeye hiç ihtimal vermediği için demiş ki:

"Türkler hiçbir zaman kutsal şehre ayak basamazlar. Buna inanmam için bir tarafı kızarmış tavadaki balıkların canlanarak suya atlamaları lâzım. Türklerin şehre girmesi, bu kadar imkânsızdır."

Demesiyle birlikte yağda bir tarafı kızarmış yedi tane balık bir bir canlanıp patır patır göle atlamış. Güya o yarı kızarmış balıklar hâlâ o gölün içinde imiş. Rumlar İstanbul'u geri alıncaya kadar gölde yaşayacaklar, şehir tekrar Rumlar tarafından alınınca bir papaz balıkları gölden çıkaracak ve öbür taraflarını da kızartacakmış.

Yarıda Kalan Âyin Efsanesi: Fatih Ayasofya'ya girdiği sırada büyük âyin varmış. Osmanlılar, âyini idare eden papazı yakalamak istemişler. Papaz can havliyle duvara atılmış. Duvar bir kapı gibi iki yana açılmış ve papaz oradan geçip kurtulmuş...

Osmanlılar şaşırıp kalmışlar. Sonra duvarı yıkmayı denemişler, ama başaramamışlar. Günün birinde papaz duvardan çıkacak ve 29 Mayıs 1453 Salı günü başladığı âyini bitirecekmiş. İşte o gün Rumlar tekrar İstanbul'a sahip olacaklarmış.

Bir de, "Denize Batan Kilise Mihrabı Efsanesi" var ki, İstanbul'u kaybeden Rumların hayallerinin nerelere kadar ulaştığını göstermesi bakımından dikkat çekicidir.

Güya Osmanlıların İstanbul'a girmesi üzerine Ayasofya mihrabı yerinden sökülmüş, Avrupa'ya götürülmek üzere bir gemiye konmuş. Fakat gemi Marmara'da batmış. Mihrap denize gömülmüş. O gün bugündür, mihrabın bulunduğu yerde sular daima durgun olur, asla fırtına çıkmaz, etrafa çok güzel bir koku yayılırmış. Mihrap çok aranmış, ama bulunamamış.

Rumlar İstanbul'u geri aldıklarında ancak bulunabilecekmiş. Getirilip Ayasofya'daki yerine konacakmış.

Ne tuhaf! Boşuna "İnsan hayal ettiği müddetçe yaşar" dememişler.

BİZANS NEDEN YIKILDI?

FRANSIZ TARİHÇİ GERARD WALTER, tüm Batı'da "yıkılış uzmanı" olarak tanınır. Çünkü imparatorlukların yıkılış sebeplerini inceleyen seri kitaplar yazmış ve "La mort des empires/İmparatorlukların ölümü" genel başlığı altında yayınlamıştır.

Bu serinin "La ruine de Byzance" ismini taşıyan kitabı Bizans'ın yıkılışının temel sebeplerini irdelemektedir. İbret alınması dileğiyle yıkılışın en önemli sebeplerinden bazılarını aşağıya alıyorum.

Biraz dikkatle okursanız, göreceksiniz ki, bu sebepler yalnız Bizans'ı değil, yakın tarihte Sovyetler Birliği ile peyklerini de yerle bir etti. Bakın bakalım, "Bizans'tan bana ne?" diyebilecek misiniz?

• Bizans Batılılaşmıştı. Bizanslı aydınlar Avrupalıları, özellikle de İtalyanları taklit etmede yarışıyorlardı. Kıyafetleri başta olmak üzere, her şeylerini, hatta konuşma tarzlarını bile İtalyanlara uydurmaya çalışıyorlardı. Bu da

Bizans'ı kendi kimliğinden koparıyor, kimliksizlik ve kişilik problemleri doğuruyor, eşcinsellik ve benzeri sapmalar yaygınlaşıyordu.
- Devlet israf içinde yüzüyordu. Buna karşılık halk eziliyor, sömürülüyor, kazandığı birkaç kuruş haksız vergi ya da enflasyon zoruyla elinden alınıyordu. Bu durum önce ticarî hayatı çökertti, ardından Bizans ekonomisi krizler dönemine girdi. Ciddi tedbir alınmadığı, kara delikler kapatılmadığı için de krizlerin ardı arkası kesilmedi.
- İmparatora, rejime ve hükümete karşı başlayan muhalefeti yok etmek için özel mahkemeler kuruldu. Hukuka aykırı kanunlar çıkartıldı. Devletten insana baskı ve şiddet arttı. İnsan hakları ayaklar altına alındı.
- İşlerin düzelmemesi umutları kırdı. Sonuçta Bizans halkı son derece duyarsızlaştı. Para yegâne değer hâline geldi. "Gemisini kurtaran kaptandır" anlayışı yaygınlaştı.
- Hükümetin ekonomi politikaları halkı ezdi, bıktırdı. O kadar bıktılar ki, yabancı hâkimiyetine hasret çekmeye başladılar.
- Halk inim inim inlerken, idareciler görkemli köşkler ve saraylar yaptırıyor, sık sık törenler düzenliyor, şık kıyafetler içinde boy gösteriyor, lüks ve tantana içinde yaşıyordu. Böylece sefaleti örtbas ettiklerini düşünüyorlardı.
- Bir taraftan da, yönetim, limitsiz eğlence, sınırsız sefahat yollarını açıyor, eğlence yerlerinde içki sel gibi akıyor, fuhuş kol geziyordu. Dini duygular zayıflatılmış, ahlâkın yerini zevk, şehvet, servet ve şöhret almıştı.
- Ruhani sınıf yozlaşmıştı. Onların da ahlâkı bozulmuş, dini hem ticarete, hem de siyasete âlet eder olmuşlardı. Ayrıca temsil ettikleri Hıristiyanlığın içini boşaltmışlardı. Dinin muhtevasıyla değil, merasimsel boyutları ve menkıbeleriyle ilgiliydiler. Kendini yeniden yapılandıramayan kilisenin tartışmaları da buna paralel gelişiyordu. Meselâ Bizans kuşatma altındayken, rahiplerin en önemli tartışma konusu meleklerin cinsiyetiydi: "Melek-

ler erkek mi, dişi mi?" (Ne tesadüf! Osmanlı Devleti yıkılırken de, kendini yeni şartlara göre yapılandıramadığından çağın sorunlarına cevap üretecek insan yetiştiremeyen medrese de sakal ölçümünü tartışıyordu: "Sakal dudak altından mı ölçülmeli, yoksa çene altından mı?"

• Devlete ait makamlar alınıp satılıyor, memuriyette liyakate bakılmıyor, kim fazla para verirse o memur oluyordu. Bunun sonucu olarak memur sayısı öyle artmıştı ki, onlara yer bulabilmek için, (Malî yapının zararına olduğu biline biline) köyler ilçe, ilçeler il yapılmıştı. (Eski Bizans'tan bahsettiğimizi sakın unutmayın!)

• Halkın çoğu sefalet içinde yaşarken, vurguncu zenginler türemişti. Onlar lüks ve debdebe içinde yaşıyor, halka âdeta nispet yapıyorlardı.

• Sanayi, ziraat ve ticaret Cenevizlilerin (henüz IMF yoktu) kontrolüne geçmişti. Karaborsa yüzünden ekmek bulmak bile mesele hâline geldiği için bir Mali Polis Teşkilatı bile kurulmuştu, ama o da rüşvet yüzünden görev yapamaz hâldeydi.

• Aydınlarda ve zenginlerde din duygusundan eser kalmamış, Hıristiyanlığın anlamı unutulmuş, dindarlar suçlanır olmuş, dindarlık suçluluk kompleksine dönüşmüştü.

• Devlet borç batağındaydı. Askerî harcamalar bile karşılanamıyordu. On dördüncü yüzyılda, hazinenin tüm altınları Venedik Senatosu'na rehin verilerek otuz bin düka daha borç alınmış, bununla askerî ihtiyaçlar karşılanmıştı.

• Siyasî ve ekonomik ahlâk öylesine çökmüştü ki, Sultan II. Mehmed'in Bizans'ı kuşatacağı sırada surların tamiri işini alan müteahhitler, parayı aldıkları hâlde tamiratı yapmamışlardı.

Ne dersiniz, Bizans yaşadığımız dünyaya gerçekten de çok mu uzak?

"İYİ YÖNETİCİ"YE SAHİP OLMANIN YOLU

FETİHTEN SONRA BİZANS imparatorlarının sarayını gezen Padişah, bir ara mahzene iner. Mahzende iniltiler duyunca ne olduğunu anlamak ister. Kapıları bir bir yoklar.

Nihayet küçük taş bir odada zayıf, yaşlı bir papazla karşılaşıp sorar:

"Bu ne hâldir, sizi niye hapsettiler?"

Papaz cevap verir:

"Şevketlü Padişah, arz edeyim... Muhasara başlayınca İmparator Konstantin Dragazes bendenizi huzuruna çağırdı. Şehrin Osmanlılar tarafından alınıp alınamayacağını sordu. Şimdiye kadar okuduklarıma, öğrendiklerime ve Bizans'ta yaşananlara dayanarak bu kuşatmanın son olduğunu, şehrin elimizden çıkacağını ifade ettim. Çok kızdı. Beni hem dövdürdü, hem de buraya kapattırdı. O günden beri zindanda yaşamaktayım."

Fatih bir an düşündükten sonra sorar:

"Peki bu şehr-i İstanbul gün olur bizim de elimizden çıkar mı?"

Cevap düşündürücüdür:

"Vakta ki içinizde fesat arta, insanınız kendi menfaatine ram ola, emvalini (malını) yabancılara satanlar çoğala ve yabancıdan medet umanlar ziyade ola, şehir sizden dahi çıka."

Fatih oracıkta diz çöküp ellerini açar:

"Yâ Râb! Dilerim böyleleri kahrına ve gazabına uğrasın!"

•••

Günlerden bir gün, Fatih Sultan Mehmed, kılık değiştirip İstanbul esnafını dolaşmaya çıkar.

Sıradan bir Osmanlı gibi bir bakkala dalar. Maksadı tartıda hile yapılıp yapılmadığını yerinde tespit etmektir. Bir sürü şey ısmarlar. Bakkal istenenlerin ancak yarısı kadarını verir.

Padişah merak içinde sorar:

"Bütün ısmarladıklarımı neden vermiyorsunuz?"

Bakkal, başını iki yana sallayarak şu cevabı verir:

"Bugünlük evlâd ü iyalimin nafakasını temin ettim. Diğerlerini komşu bakkaldan alınız. O da nasiplensin. Az önce siftah etmediğini söylüyordu."

Gözleri yaşaran padişah, yandaki bakkala girer.

Birkaç şey aldıktan sonra, ondan da benzer sözler işitir:

"Efendi, biraz da komşu bakkaldan alınız. O da çoluk çocuk besliyor. Benden aldıklarınız bugünlük bana yeter."

Ve padişah bu anlayışta insanların hükümdarı olduğu için Allah'a şükür ede ede sarayına döner.

Elbette bu milletin ordusu da kendisi gibi olacak ve "Mutlu Asker" diye anılacaktı.

Elbette böyle bir milletin yüreğine "kriz" filan uğramayacaktı.

Unutmayalım ki "iyi yönetici"ye sahip olmanın yolu, iyi yönetilmeyi hak etmektir.

●●●

Fatih Sultan Mehmed, Mahmut Paşa'yı veziriazamlıktan (başbakanlık) uzaklaştırır.

Bir süre sonra tekrar aynı makama getirince, Mahmud Paşa dayanamaz, padişahın affına sığınarak sebebini sorar.

Padişahın cevabı ibret vericidir:

"Arnavutluk'ta Nasuh Beyin ahaliye zulm ve gadr ittüğün duyduk. Eğer bundan haberin yoğ ise, memalik ef'alinden (memlekette olup bitenlerden) gaflettesün (habersizsin) dimektür. Haberin var da def'i yolun tutmamış isen (haberdar olduğun hâlde tedbir almamışsan), zulme rıza ittün sayılur. Ne gaflet, ne de zulm ile vezarette muvaffak olunamaz. Vezir olana kemâl (olgunluk-beceriklilik) lâzımdır. Vezarette kemalât olmazsa umran ve imâret de olmaz. Seni anın içün azlettuk. Lâkin senden elyak vezir bulamadığumuzdan tekrar nasb eyledük."

"Vezarette kemalât", bugün de, şiddetle özlediğimiz, ama nicedir göremediğimiz hasretlerimizden değil mi?

AVRUPA RÖNESANS'I, FATİH'İN BİZANS'I FETHİYLE BAŞLAR

FETİH, YALNIZ BİZANS surlarının değil, Ortaçağın ve Ortaçağ Avrupa'sının içe kapanan kapılarını da kırmıştır. İlmî tespitler yapan bilginleri ateşe atan, hastaları ıssız adalara sürerek ölüme terk eden, akıl hastalarına "Ruhuna şeytan girmiş" gözüyle bakarak zincire vuran karanlık taassup dağılmaya başlamıştır.

Çünkü büyük fetih, Haçlı Seferlerinden bu yana İslâm âlemiyle doğru dürüst temas etmeyen Hıristiyanlık dünyasının bütün dikkatini tekrar Müslümanlara yöneltmesine sebep olmuştur.

Bu sefer dikkat merkezi fetih ve tabiatıyla Fatih'tir. Baktıkça gözleri kamaşmakta, her bakımdan gelişmiş, kısa süre içinde ilmî inkişafın hemen hemen zirvesine çıkmış devlete gıpta etmektedirler. Ve genç cihangirin güç kaynağını keşfe çalışmaktadırlar.

Rönesans'ın İtalya'da başlamasının sebebi boşuna değildir. İtalya Seferi sırasında (1480) Osmanlılarla yüz yüze gelen İtalyanlar, şerefli düşmanlarını kendileriyle kıyas kabul etmeyecek kadar ileri bir seviyede bulmuşlar ve aynı seviyeyi yakalamak için düşünmeye başlamışlardı.

Gerçi İstanbul'un fethinden önce Almanya'da matbaa icat edilmiş ve kitaplar matbaaya girmişti; ancak bu kültür hareketi, İstanbul'da on binlerce hattatın kitap çoğaltma hareketi karşısında hâlâ pek güdüktü. Avrupa'daki kral kütüphanelerinde birkaç yüz kitap varken, Türkiye ve İslâm kütüphanelerinde on binlerce, bazen yüz binlerce kitap bir araya geliyordu.

İlim ve kültür alanında baş döndürücü bir gelişme, hatta sıçrama yaşanıyordu. Fatih'in Bizans ahalisine ve Galata ahalisine tanıdığı geniş tolerans (ki bunlar, inanç, ibadet, kıyafet, seyahat ve ticaret özgürlüğü olarak özetlenebilir) kendi dindaşlarıyla mezhep farklılığı yüzünden yıllar yılı savaşan Avrupa'ya başta dinî müsamaha ve insan hakları mevzuunda biraz daha düşünmek ve çalışmak gerektiğini hatırlatmıştı.

Vakıa, İslâm ilmi sayesinde arzın yuvarlak olduğunu öğrenmişlerdi. Ancak faraziye nazarıyla bakıyor, "dönüyor dönmüyor" tartışmalarının sonu gelmiyordu. Oysa aynı günlerde İstanbul'dan Avrupa'ya giden gezginler Osmanlı ulemasının bu konuyu kesinleştirdiğini bildiriyor, Avrupalının kafasına ilk defa dünyayı gemiyle dolaşma düşüncesini yerleştiriyorlardı.

Zaten Osmanlı topçusunun eriştiği kudreti, aşılmaz zannettikleri İstanbul surlarının karton oyuncakları gibi devrilmesiyle fark ederek dehşete düşmüşler, Osmanoğlu'nun dünyanın bütün stratejik mevkilerini tutması karşısında kuşatıldıklarını fark etmişlerdi. Denizleri geçip yeni dünyalar keşfedemedikleri takdirde ebediyen Osmanlı muhasarasında kalacaklarını ve günün birinde teslime mecbur olacaklarını hissetmişlerdi. Ve Ümit Burnu'nu aşacak denizcinin yolunu daha o günlerde gözlemeye koyulmuşlardı.

Martin Luther sürekli şekilde Osmanlı devlet teşkilatına dikkat çekiyor, yeniden parıldamaya başlayan İslâm ilminin, silkinilmediği takdirde Avrupa'yı Müslümanlaştıracağını söylüyor, dindaşlarını uyanmaya çağırıyordu.

Bir yandan da Anadolu'nun çeşitli bölgelerinde işlenen çini, kumaş ve el sanatları Avrupa'ya ihraç ediliyordu. Bunlar öylesine beğeniliyordu ki, Avrupa'da taklitleri yapılıyordu. Yani Avrupalılar, Osmanlı sanayisi ve el sanatlarıyla da tanışmışlardı.

Nihayet İstanbul'un fethiyle birlikte İtalya'ya giden Bizanslı bilginler, Yunancayı ve klâsik birtakım eserleri de beraberinde götürmüşler, harıl harıl Avrupa dillerine tercümeye başlamışlardı. Bu da Rönesans'ın kültür cephesine ilham vermişti.

Avrupa devletlerinde ahali perişandı. Milyonlar kilise ve aristokrasi ikileminde bocalıyor, hemen hemen her türlü insanî hak ve hürriyetlerden mahrum olarak kilisenin ya da aristokratların mutlak emrinde sürünüyordu. Fatih'in engin toleransını fark edip de harekete geçmemeleri imkânsızdı.

Kıpırtılar zamanla büyüdü, gelişti, yayıldı ve kültür, sanat, edebiyat, hayat telâkkisi başta olmak üzere, Ortaçağ Avrupa'sında çok şeyi değiştiren bir Rönesans hareketine dönüştü.

P. Faure'nin dediği gibi, "Fatih, Rönesans'ın en büyük ilhamlarından biridir. Rönesans Fatih'in, II. Bayezid'in ve Yavuz'un toleransına çok şey borçludur."

FRANSA BİZE HAYRANLIK DUYARDI

BİLİYOR MUSUNUZ Kİ, yükselme devrinde, Osmanlı Devleti, muhatabı olan devletlerle anlaşma imzalamaz, sadece tek taraflı olarak imzaladığı bir belgeyi muhataplarına verirdi.

Yani kimseyi kendine "emsal" (eş, denk) kabul etmezdi.

Bu şu demekti: "Sözümden dönmeyeceğimi imzamla taahhüt ediyorum ve size, rahatlamanız açısından, bu manada bir belge veriyorum; sizin bana belge vermenize gerek yoktur, çünkü taahhütlerinizin dışına çıkarsanız tepenize inerim!"

Bir anlamda, Osmanlı Devleti dünyanın âdeta merkezi ve dengesiydi.

Bundan başka Devletler Hukuku tarihinde, tarihçiler dahil, çok kimsenin hatırlamadığı (siyasetçiler zaten hatırlamaz, çünkü tarih okumazlar) enteresan bir devre var:

Osmanlı Devleti'nin hiçbir Avrupa başkentinde kendini temsil etmeye tenezzül buyurmadığı devre...

Tüm devletler, uluslararası hukuk önünde eşitti, herkes birbiriyle bu çerçevede münasebette bulunur, birbirlerine "temsilci/büyükelçi" gönderirlerdi.

Bunun tek istisnası vardı: Osmanlı Devleti, uluslararası hukuk çerçevesine resmen oturttuğu bir madde ile kendi üstünlüğünü bütün dünyaya tescil ettirmiş, bunun bir göstergesi olarak da yükselme devri boyunca hiç bir devlete "elçi" tayin etmemiştir.

Yalnız arada bir, çok olağanüstü durumlarda geçici statüyle lütfen ve tenezzülen elçiler göndermiş, bu da Avrupa başkentlerinde önemli bir itibar göstergesi olmuştur. O kadar ki, ülkesine Osmanlı Devleti elçisi gelen Avrupalı kral, "Padişah hazretleri beni size tercih ettiğine göre, beni sizden daha fazla seviyor" gibisinden diğer krallara çocuksu havalar atmıştır. Ve bu durum Osmanlı Devleti'nin çöküşüne kadar devam etmiştir.

Osmanlı'nın Avrupa ülkelerinin birine sürekli olarak tayin ettiği ilk "sefirikebir/büyükelçi" Seyyid Ali Efendi'dir. Ali Efendi, Sultan Üçüncü Selim döneminde Paris'e atanmış, 24 Mart 1797 tarihinde başlayıp 52 gün süren bir deniz yolculuğundan sonra Marsilya'ya ulaşmış, Marsilya'da top atışlarıyla karşılanmış, Paris'e kadar bir süvari alayı eşliğinde gitmiştir. Geçtikleri yerlerdeki halka önceden duyuru yapıldığından halk yol boyu sıralanmış ve "Yaşasın Büyükelçi, Yaşasın Osmanlı Devleti!" şeklinde tezahüratlarda bulunmuştur.

Nihayet 24 Haziran günü, Osmanlı Büyükelçisi Seyyid Ali Efendi Paris'e girmiş, Paris'te ancak önemli krallara yapılan büyük devlet töreniyle karşılanmıştır. (Fransız yazar Maurice Herbette, o zamana kadar Paris'i ziyaret eden Rus Çarı Deli Petro'ya bile böyle bir ilgi gösterilmediğini özellikle belirtiyor.)

Herhalde bunun sebebi, Ali Efendi'nin, Osmanlı Devleti tarafından bir Avrupa başkentine tayin edilen ilk büyükelçi olmasıydı.

Ali Efendi'nin Paris'e gelmesi halkı öylesine etkilemiştir ki, evinin önü mahşere dönmüştür. Parisliler, Osmanlı Büyükelçisi'ni pencerede olsun görebilme umuduyla geceli-gündüzlü evinin önünde beklemişlerdir. Ayrıca oturduğu mahalledeki ev fiyatları aniden astronomik seviyeye yükselmiştir. Çünkü Osmanlı Büyükelçisi'nin evine yakın evde oturmak bir statü göstergesi olmuştur.

Paris halkı bu değişimden çok etkilenmiş, özellikle Parisli kadınlar başlarına kavuk takmaya, Osmanlı şalvarı ve Anadolu fistanı giymeye, hilâl şeklinde mücevherler kullanmaya başlamışlar, kısacası Osmanlı Büyükelçisi Seyyid Ali Efendi'nin kılık kıyafetini taklide yönelmişlerdir. Paris caddeleri, Osmanlı kıyafetine girmiş Parisliler yüzünden İstanbul caddelerine benzemiştir. Böylece Paris'te bir "Türk modası" oluşmuştur. (Çoktandır biz onların giyim kuşamını taklit ediyoruz.)

Büyükelçi sıcak yerlerde yelpaze kullandığı için herkes yelpaze kullanıyor, pek çok kişi de yelpazesine Büyükelçi'nin resmini çizdirip ayrıcalıklı görünmeye çalışıyordu. Büyükelçi'nin oturduğu mahalle ise, Maurice Herbette'in kaydına göre, "Türk mahallesi"ne dönüşmüştü.

Büyükelçi her yere davet ediliyor, gittiği tiyatrolar ağzına kadar doluyor, Büyükelçi'nin bulunduğu locanın çevresindeki locaların fiyatı ise ikiye, hatta üçe katlanıyordu. O kadar ünlüydü ki, artık ona "Paris Kralı" diyorlardı.

HEDEF SAHİBİ İNSAN OLMAK?

TARİHTEN GERİYE YAŞAYAN iki nesne kalır: Biri "ilham"dır, diğeri "ibret". Tarihinden ibret ve ilham alabilen toplumlar, güvenli ve güçlü olurlar.

Önce Çaldıran yolundan bir kesit sunmak istiyorum: Malûm, Yavuz Padişah, siyasî emeller uğruna inançları da kullanarak Anadolu'ya sarkan Safevi Şahı İsmail'e haddini bildirmeye gitmektedir.

Fakat sefer o kadar sıkıcı ve yorucudur ki, bir yerde yeniçeri kullar ayaklanır. Padişah'ın çadırını ok ve kurşun yağmuruna tutarlar. Vezirlerin çoğu ürküp askerin sözünü dinlemek gerektiği yolunda padişahı etkilemeye çalışırken, padişah atına atladığı gibi yalın kılıç isyancıların arasına dalar ve aslanlar gibi kükrer:

"Korkaklar geri gitsün, beni sevenler ölümüne arkamdan gelsün!"

Cesarete aşık olan yeniçeriler sessizce atlarına binip padişahlarını takip ederler. Bu çıkışın sonu belli: Çaldıran Zaferi. Çıkardığım derse gelince... Başarı yatakta gelmez; başarılı olmak isteyen önce rahatını, yeri geldiği zaman da hayatını gözden çıkarabilmelidir.

Şimdi de "Feth-i Mısır"dan bir kesit sunmak istiyorum: Meşhur Sina Çölü geçiliyor. Sina Çölü tam bir dehşet alanıdır. Gecelerin dondurucu soğuğuyla gündüzlerin yakıcı sıcağı bir yana bırakılsa bile, kaynaşan akrepler, yılanlar, çıyanlar, örümcekler ölümün soğuk yüzünü yansıtıyorlar. Ayakkabılar kızgın kumda kavrulup büzüşüyor, ayaklar yara-bere içinde kalıyor. Sık sık çıkan fırtınalarda savrulan ince kum, kapağı ne kadar iyi kapatılmış olursa olsun su kırbalarının ve yiyecek sandıklarının içine giriyor, bu yüzden aç ve susuz kalıyorlar.

Bazı vezirler zaman zaman padişaha dert yanıyor, çölü geçmenin imkânsızlığını ona da kabul ettirmeye çalışıyorlar. Yavuz Selim ise her defasında kararlılığını vurguluyor: "Meşru hedefe yürüyen padişahın önderi Peygamberdir!"

Top arabaları batıyor, askerler kavruluyor, padişah hiç kimseyi dinlemiyor: "Çöl inşaallah geçilecektir, başka laf duymak istemiyoruz!"

Ağır topları taşıyan kağnı arabalarının batmaması için çölü sulayıp üzerinde ağır silindirler yuvarlamak suretiyle kumu sertleştiriyorlar.

Yavuz Padişah, sık sık atından inip yeniçerilere karışıyor, onlarla yürüyor, onlarla yeyip içiyor, umutların solmaya başladığı demlerde ise ok gibi fırlayıp azmin öncülüğünü yapıyor. Kâh hasta bir askerin terini siliyor, kâh kuma saplanan bir top arabasına omuz veriyor. Ter içinde, soluk soluğa kaldığı demlerde dinlenmesini rica edenlere, "Bizim rahmetimiz zahmettedir" diyerek başka bir tarafa koşuyor.

Hocalar hilafetle kucaklaşmanın önemini vurgulayan konuşmalar yapıyor, bülbül sesli hafızlar gece-gündüz fetih âyetleri okuyarak askeri coşturmaya çalışıyorlar.

Bütün bunların da kâr etmediği bir noktaya geliniyor sonunda... Kimsede adım atacak takat kalmamış, özellikle yaşlı hocalar, yaşlı vezirler çok yorulmuşlardır.

Bunu fark eden Yavuz Padişah atından iniyor. Tek başına ordunun önüne geçiyor. Cehennemi sıcak altında yürüyor, yürüyor...

Bir ara başı önüne düşüyor, küçücük bir tereddüt filizleniyor yüreğinde:

"Başarabilecek miyiz?"

Başını kaldırdığında bir gölge fark ediyor, önünde... Yüreğindeki sevdayla karşılaştırıp emin olunca gülümsüyor:

"Meşru hedefe yürüyen padişahın önderi Peygamberdir!" diye düşünüyor, tekrar... Daha büyük bir kararlılıkla sürdürüyor yürüyüşünü...

Bu arada iyice takatten düşen yaşlı serdarlar, vezirler ve hocalar Yavuz Padişah'ın çok sevip saydığı İbni Kemal'i padişaha ricacı gönderiyorlar.

"Hünkârım, yaşlı kullar çok yoruldu, lütfen atınıza bininiz ki onlar da binsinler."

Yavuz Padişah hayretler için hocasına bakıyor. Çenesiyle ilerisini işaretleyerek soruyor:

"Görmüyor musun hocam, görmüyor musun! Bu durumda nasıl ata binilir?"

İbni Kemal Yavuz Selim'in gördüğünü görmüyor.

Yavuz Padişah ağlayarak son cümleyi söylüyor:

"Resulullah önümde yaya yürürken, ben nasıl ata bineyim?"

Tarihin kaydettiği en büyük cihangirlerden Büyük İskender'le Cengiz Han'ı durduran çöl, Yavuz'un kararlılığı karşısında pes ediyor.

Ne demişti:

"Meşru hedefe yürüyen padişahın (genelleştirip "insanın" diyelim) önderi Peygamberdir!"

Bu tablo, "Nasıl başarılı olunur?" diye soran gençlere ithaftır!

BAŞARIYA ULAŞMADA MİMAR SİNAN ÖRNEĞİ

AŞARISIZLIKLARIMIZI imkânsızlıklarla izah etmeye çalışırız. Ama imkânsızlıkları yenerek başaran öyle çok isim var ki, örnek alınmayı beklerler.

Öncelikle peygamberler öyledir: Hz. Âdem ilk kez gördüğü vahşi dünyanın şartlarıyla boğuşarak Hz. Havva'ya ulaşmıştır.

Hz. Nuh tufanla boğuşmaktan yılmamıştır. Hz. İbrahim Nemrut ateşine, Hz. Yusuf atıldığı kuyudaki olumsuzluklara ve umutsuzluklara, Hz. Musa Firavun'a, Hz. İsa Roma despotlarına ve Hz. Âlişan Efendimiz (s.a.v) Ebu Cehil'in kontrol ettiği şartlara meydan okumuşlar, sonunda da başarmışlardır.

Yaratıcı Kudret isteseydi, peygamberlerin kendilerini kabul ettirebilecekleri şartları, onları göndermeden önce bir güzel oluşturur, ondan sonra gönderir, böylece zahmet ve mihnet çekmelerini önlerdi. İstemedi. Çünkü her peygamber bir başka yönüyle ümmete örnek olacaktı. En bariz vasıfları ise şartlara teslim olmamaları, hedefleri istikametinde çabalamalarıydı. Şartları hazır bulmadılar, umutla çalışıp çabalayarak şartları da Yaradan'ın rahmetini hak etmeye çalıştılar.

Bizim ıskaladığımız galiba bu... İlâhî tecelliyi hesaba katmadan, her sorunu kendi gücümüzle aşacağımızı zannediyoruz. Halbuki böyle bir gücümüz yok. Sorunları sadece aşmaya çalışabiliriz. Gösterdiğimiz çaba İlâhî rahmetin tecellisine vesile olursa, ortada sorun diye bir şey kalmaz. Tüm engeller aşılıp başarıyla kucaklaşılır. Buradaki sihirli formül "elden geleni yapmak"tır.

Mimar Sinan, "elden geleni yapma"ya güzel bir örnek teşkil ediyor. Hedefini belirledikten sonra çabalayan insanın, olumsuz şartlara rağmen, neler yapabileceğini gösteriyor.

1490 yılında Kayseri'nin Kesi nahiyesine bağlı Ağrınas köyünde fakir bir ailenin oğlu olarak hayata gözlerini açtı (görünüşte talihsiz doğdu), ama devrinin en büyük devletinin (Osmanlı) "Mimarbaşı"sı olarak (talihi nasıl da değişti) dünyadan göçtü (8 Nisan 1588).

İkisinin arasındaki zaman dilimi, Sinan'ın talihini kovaladığı, elinden gelen her şeyi eksiksiz yaptığı bir zaman dilimidir.

Sinan bir "devşirme" kafilesiyle Kayseri'den İstanbul'a getirildi. Atmeydanı'ndaki (Sultan Ahmet Meydanı) İbrahim Paşa Sarayı'nda bulunan, Acemioğlan Mektebi'ne verildi. Burada Sinan dülgerlik ve yapıcılık öğrendi. Çok zeki, çok meraklı ve dikkatliydi. Sürekli okuyor, çalışıyor, kendini geliştiriyordu. Kısa süre içinde öğretmenlerinin dikkatini çekmiş, özel ilgi görmeye başlamıştı.

Çabalarıyla, Yavuz Sultan Selim'in Çaldıran Seferi'ne katılmayı hak etti. Ordunun uğradığı Sivas, Erzurum, Amasya ve Tebriz gibi şehirlerde bulunan mimarî eserleri inceleme fırsatı buldu.

Talihi Bağdat Seferi'nde açıldı... Van Gölü'nden asker geçirmek için, Veziriazam Lütfi Paşa'nın ihtiyacı olan kayıkları yapıverince, çok takdir gördü. Bu çabası onu padişahla (Kanuni) tanıştırdı. Bir süre sonra Sinan kahraman ordu ile birlikte Boğdan yolundaydı. Prut Nehri geçilemeyince iş yine Sinan'a düştü. Nehir üzerine 13 gün içinde mükemmel bir köprü yapmayı başardı. 1529 yılında Başmimar Acem İsa ölünce, Sadrazam Lütfi Paşa'nın teklifi üzerine Mimar Sinan, Mimarbaşılığa getirildi. Ölünceye kadar da bu görevde kaldı.

Yavuz Sultan Selim devrini gördüğü gibi, Kanuni Sultan Süleyman, Sultan II. Selim ve Sultan III. Murad devirlerinde hizmet etti. Altı yüzden fazla mimarî eser inşa etti.

Çeşitli kaynaklara göre, Sinan, aralarında Selimiye ve Süleymaniye gibi dünyanın en muhteşem abideleri kabul edilen eserlerinin de bulunduğu 84 cami, 52 mescit, 57 medrese, 7 okul ve darülkurra, 22 türbe, 17 imaret, 3 darüşşifa, 7 su yolu kemeri, 8 köprü, 20 kervansaray, 35 köşk ve saray, 6 ambar ve mahzen, 48 hamam olmak üzere, sayılamayanlarla birlikte, 350'yi aşkın eser inşa etti.

Büyük şöhretine ve maharetine rağmen, öldüğünde hiç parası yoktu. Çünkü bütün parasını hayra harcamıştı.

Sinan'ın mühendislik dehası su yollarıyla köprülerde ortaya çıkar. Bunlarda zamanını aşan mühendislik bilgilerini uygulamıştır. Toplam uzunluğu 635,5 metreyi bulan Büyükçekmece Köprüsü ile, "sağlam ve güzel bir eser" olduğu için övmüş, ama kendisi hiç övünmemiştir. İçinde yaşadığı toplumun aynası gibidir, son derece mazbut yaşamıştır.

Ne var ki 350'yi aşkın mutena eseriyle, "bizden biri" olarak yaşamasının kimliğini yeterince açıklamadığını düşünenler, Cumhuriyetin ilk yıllarında düşülen "Türkçülük hareketi"nin etkisiyle "Mimar Sinan Türk müdür, değil midir?" tartışması açıldı. "Türk kafatası" taşıyıp taşımadığını anlamak için mezarından kafatasını çıkardılar. Kumpasla ölçülmesi için Ankara Dil Tarih Coğrafya Fakültesine gönderdiler. Sonunda "bizden biri" olduğu anlaşıldı, ama maalesef kafatası tekrar mezarına konmadı.

O gün bugündür, Muhteşem Süleyman'ın muhteşem mimarı, Süleymaniye'deki türbesinde salt beden olarak ebediyeti uyuyor.

ŞEYHÜLİSLÂM EBUSSUUD EFENDİ

 İR DEVİR DÜŞÜNÜN... Öyle bir düşünün ki, padişahı, mimarı, kaptan-ı deryası, şairi, gezgini, tarihçisi, tarihin "en büyük" isimlerinden oluşsun.

Söz konusu etmek istediğim devrin mimarbaşısı Koca Sinan, kaptan-ı deryası Barbaros Hayreddin Paşa, şairi Baki, gezgin denizcisi Piri Reis, tarihçisi Hoca Sadüddin Efendi'dir. Tahtta ise, tahta baht katıp çağlara şan veren bir padişah oturmaktadır: Kanuni Sultan Süleyman...

Elbette bu kadar cevher insanın kaynaştığı bir devre, şeyhülislâm olarak Ebusuud Efendi fevkalâde yakışıyor.

Çünkü o da çağlar üstü, asırlar ötesi bir isim, o da bir zirve, o da bir "cevher insan."

Gelin tarihi geriye doğru saralım.

Tarih: 7 Eylül 1566... Yer: Süleymaniye Camii. Muhteşem mâbedin ibadete açılışının üzerinden henüz bir ay bile geçmemişken, Süleymaniye Camii'nin bânisi Kanuni Sultan Süleyman avludaki musalla taşına uzatılmıştır.

Cenaze namazını Şeyhülislâm Ebussuud Efendi kıldıracaktır. Saf bağlanır. İmam yüksek sesle niyet eder: "Er kişi niyetine!"

Cihana hükmeden Kanuni Sultan Süleyman'ın hükümdarlığı oracıkta son bulmuştur! Namaz ve dualar biter. Haklar, hıçkırıklar arasında helâl edilir. Ve cenaze, şimdiki türbesinin bulunduğu yerde açılan mezara konur.

Tam perdeler kapatılmak üzereyken, mezar başına nefes nefese gelen bir saraylı, "destur"la mezara atlayıp getirdiği çekmeceyi özenle mezara yerleştirmeye çalışır.

Böyle şey şimdiye kadar ne görülmüş, ne duyulmuştur. Müslüman mezarına eşya koymak caiz değildir. Ebussuud Efendi hemen müdahale eder:

"Geri dur be adam, ne yapıyorsun?"

Saraylı, sımsıkı tuttuğu çekmeceye bakarak konuşur: "Vasiyeti yerine getiriyorum."

"Ne vasiyeti?"

"Padişah vasiyeti... Öldüğünde kabrine koymam şartıyla bu çekmeceyi bana emanet etmişti. Filanla falan da şahittir."

Gösterdiği şahitler de bunu doğrularlar. Ancak Ebussuud Efendi'yi ikna edemezler. "Olmaz öyle şey, caiz değil!" diye diretir.

Çekmeceyi adamın elinden almak için uzanır. Adam da vermek istemeyince hafiften bir çekiştirme yaşanır. O arada çekmecenin kapağı açılır. Bir sürü kâğıt saçılır etrafa. Ebussuud Efendi kâğıtlardan birini alıp okuyunca, kıpkırmızı kesilir, Sultan Süleyman'ın mezarına bakarak şöyle mırıldanır:

"Ah Süleyman! Sen kendini kurtardın. Bakalım Ebussuud ne yapacak?"

Çekmecenin içinde, Sultan Süleyman'ın sağlığında yaptığı icraatlara Ebussuud Efendi'nin verdiği uygunluk fetvaları vardı. Padişah, bütün yaptıklarını "fetva"ya bağlamış, böylece kendini bir bakıma "garanti"ye almıştı, ama fetvayı veren Şeyhülislâm Ebussuud Efendi ne yapacaktı? Bu yüzden kahırlanıyordu.

•••

Ebussuuud Efendi, Mustafa İmâdi'nin oğluyla Ali Kuşçu'nun kızının evliliğinden dünyaya geldi. Babası Şeyh Yavsi'dir ki, özellikle Sultan II. Bayezid Han ona çok hürmet ederdi. Mevlâna Seyyidi Karamâni'den ders aldı. Akşemseddin'in halifelerinden İbrahim Tennûri'nin sohbetlerinde pişip olgunlaştı.

Meşhur İbni Kemal, Ebussuud Efendi'deki dehâ parıltısını gören ilk insandır. Onu genç yaşta, bu yüzden İshakpaşa Medreselerine müderris (profesör) yaptı. Sonra Bursa ve İstanbul kadılığına getirdi. Ardından kadıasker (kazasker/askerî hâkim) oldu. Kanuni ile Macaristan Seferi'ne katıldı. Budin Fethi sonrasında ilk hutbeyi okudu. Süleymaniye Camii'nin temeline ilk taşı o koydu. 30 yıl müddetle de Osmanlı'ya şeyhülislâmlık yaptı.

"Adam kıtlığı"nda bu "adam gibi adam"ı biraz daha yakından tanımak lâzım. "Adam gibi adam" olmanın sırrını yakalamak için başka çaremiz de yok.

Ebussuud Efendi güler yüzlü, tatlı sözlüydü. Çok düşünür, az konuşurdu. Son derece sade giyinirdi. Cömertti, elindekini paylaşmayı severdi. Konuşurken sözlerini yerli yerinde şakalarla süsler, bu yüzden çocuklar ona bayılırdı. O da çocukları pek sever, onlarla yakından ilgilenirdi. Sıradan insanları bile ciddiye alır, basit sualleri bile geçiştirmez, muhatabı anlayıncaya kadar da izah ederdi.

23 Ağustos 1574'te vefat etti. Kabri, Eyüp Meydanı'nda adıyla anılan Dar-ül Hadis'in bahçesindedir.

İBRET AYNASINDA ZAMAN

*R*AHMETLİ CEVDET PAŞA tarihten ne anladığını şöyle ifade eder: "Tarih bilmeyen diplomat, pusuladan anlamayan kaptana benzer. Her iki hâlde de karaya oturmak tehlikesi yüksektir."

Her ne kadar günümüzde "geçmişe mazi" deniyorsa da, tarih gerçek bir ibret aynası ve tam bir "tecrübe tahtası"dır. Devlet adamları, yöneticiler ne kadar tarih bilirlerse, tarih kendi olumsuzluklarını o kadar az tekrarlar.

Tarihin güncel yansımalarının karmaşık labirentlerine girmeden, –herkesin ve her kesimin kendini görmesi temennisiyle– herkese, özellikle de insan hakları, düşünce özgürlüğü ve hukukun üstünlüğü gibi kavramları sadece kendileri, grupları-grupçukları için isteyen kesimlere tarih aynasını tutmak istiyorum.

•••

Padişahın devlet sayıldığı günlerdeyiz: Yıl 1393...

Başkent Bursa. Osmanlı tahtında Niğbolu kartalı Yıldırım Bayezid oturuyor...

Sefer dönüşü bir solukluk uğradığı yerde "Ayak Divanı" (padişahın doğrudan halkın şikayetlerini dinlemesi) kurdurup halkın dertlerini dinlerken, yaşlı bir kadın bağıra bağıra padişahı azarlamaya başlıyor:

"Padişahım! Yularını gevşek tuttuğun hademelerinden biri, destur dilemeden sütümü içti. Bedelini talep ettiğimde bağırıp çağırdı. İmam efendinin himmeti, ahalinin gayretiyle herifi yakalayıp kadı efendiye götürdüm. Lâkin senin kadı, herifin lehine hükmetti. Mağdur oldum. Hakkımı isterim."

Hademe aranıp bulunuyor. Getirilip padişahın huzuruna çıkarılıyor. Padişah bizzat sorguluyor:

"Böyle iken böyle yaptın mı?"

Adam boynunu bükmüş, yalvarıyor:

"Affediniz Hünkârım, şeytana uydum."

Suç sabit. Hademe cezalandırılacak ve konu kapanacak. Hayır! Padişahın aklı bu işin içindeki işte:

"Acaba şahitli-ispatlı bir suçu, kadı efendi neden cezalandırmamış? Yoksa bazı kadıların rüşvet yediği söylentisi doğru mu?"

Hademeye sual:

"Kadıya rüşvet vererek mi serbest kaldın?"

Genç hademenin boynu bükük, elleri önüne bağlı:

"Şevketlüm, billahi rüşvet vermedim, sadece senin maiyetinde bulunduğumu söyledim. O da kabahatimi bağışladı."

Yıldırım Bayezid yıldırım gibi gürlüyor:

"Kul hakkını Mevlâ bile bağışlamazken, kadılar bu salâhiyeti nereden alır? Tiz o kadı bulunup huzurumuza getirile!"

Başını ellerinin arasına alıp mırıldanıyor:

"Eyvah ki, eyvah! Mülke kıran girmiş de haberimiz yok."

Hâkimlerin bozulması adalet terazinin bozulması demekti; adalet terazisinin bozulması ise mülkün zevaline işaretti. En şiddetli tedbirleri alacak, devr-i saltanatında mülkün zeval bulmasına izin vermeyecekti.

Bostancıbaşıyı çağırıyor:

"Tiz adamlarını topla. Ev ev bütün şehri dolaş. Kadılardan ve mahkemelerden şikayetçi olanları tek tek tespit et. Sonra da gel bana bildir. Bildir ki, bozuk mizaçların kârını itmam idub adaleti tekrar mülkün esası yapalum."

Padişah buyruğunu alan bostancıbaşı birkaç gün içinde tahkikatını tamamlayıp padişahın huzuruna çıkar. Hazırladığı listeyi sunar. Padişah anlar ki, mahkemelerden ve kadılardan yana yoğun şikayetler var. Yüreği kavrulur, inim inim inler:

"Biz bitmişiz!"

Ve Başkent Bursa'ya döner dönmez tüm beylere hitaben bir ferman yazdırır:

"Kalenizde, yahut şehrinizde, yahut karyenizde, şer-i şerife mugayir hareket ettiği, rüşvet ile hükmettiği şuyu bulmuş (duyulmuş) kadıların derdest Beyşeheri'ne gönderilmesi fermanımızdır."

Veziriazam Cendereli (Çandarlı) Ali Paşa, padişaha, kadıların suçu sabit olması hâlinde ne yapacağını sorunca, yüreğini ürperten bir cevap alıyor:

"Adaletin bozulması mülkün zevaline işarettir. Mülkümüzün zevalini hazırlayan kadıları bir eve doldurup evi ateşe vereceğiz! Tâ ki ümmet bunların şerrinden halâs olsun."

Hüküm korkunç! Başta Çandarlı olmak üzere bütün vezirler telâşta. Ama genç padişaha o anda itiraz edip söz dinletmeye imkân yok.

Böyle durumlarda padişaha söz söyleyebilecek tek kişi vardır: Habeşli maskara. O komik hareketlerle konuyu yumuşatıp padişahı eğlendirirken bazı doğruları söylemekte ustadır.

Çandarlı Paşa, Habeşliyi bulup derdini anlatır.

"O iş kolay," der Habeşli, "şimdi hâllederim."

Yol kıyafetini giyip huzura çıkıyor. Yıldırım Padişah, Habeşli maskarayı yol kıyafetinde karşısında görünce gülmekten kendini alamıyor. Sonra da soruyor:

"Bre maskara yolculuk mu var?"

"Beli Hünkârım, gitmek için ruhsat dilemeye geldim."

"Nereye?"

"Bizans'a."

"Ne yapmaya?"

"Bizans'tan Bursa'ya yüz papaz getirmeye gidiyorum, Hünkârım."

Padişahın kaşları kalkıyor:

"Bre köle! Müslüman mülkünde papazın işi ne?"

"Kadılık edecekler Şevketlüm."

Padişah işin özünü ve özetini anlar gibi. Fakat bir yandan da sohbetin ne şekilde gelişeceğini, sonunun nereye varacağını merak etmekte; tekrar sorar:

"Ya bizde kadılık edecek âdem yok mudur da papaz getiriyorsun?"

"Sayenizde kalmayacak Hünkârım. Kadıları yakacağınıza göre, bari davalarımıza papazlar baksın da ümmetin işi aksamasın. Malûm, kadılık ilim işidir: Eh, papazlar da bir nevi âlim sayılır."

Hünkâr hükmün ağırlığı altında ezilerek gülmeye çalışır.

"Tamam tamam vazgeçtik. Belli ki ifrat etmişiz. Söyle seni huzurumuza gönderen vezirlerimize, müsterih olsunlar."

Sadece suçluların cezalandırılmasıyla yetinir.

Bu bir derstir. Dersini alan padişah, kurmaylarına danışıp rüşvete çare arar. Rüşvet kapısını kapatmak için tarihimizde ilk defa "mahkeme rûsumu" adı altında davayı kaybedenlerden alınmak üzere bir ücret konuyor. Hâkimlere bu paradan pay verilmeye başlanır. Kurtla kuzu yan yana yürür ve devlet adalet anlayışında imparatorluk burcuna doğru yükselir.

Çünkü Osmanlı nizamında "güçlü olan haklı" değil, "haklı olan güçlü"dür.

Ama sahi, "geçmişe mazi" derlerdi...

Ya "mazi" çağın önüne geçmiş, ama irdelemekten korkulmuşsa?

Galiba buna da "korku" derler, "tarih korkusu!"

"Tarih şuuru" ise tarihten ders ve ibret alma becerisinin adıdır.

"İŞTE HAK, İŞTE SALÂHİYET!"

*T*ÜRKİYE'NİN TARAF OLDUĞU sorunlarda, Türk diplomasisinin biraz yavan, biraz da yaya kaldığını neden görmezden gelmeli?

Gerçi dışişlerimiz yıllardır Türkiye'ye sempati toplamaya çalışıyor, ama yetmiyor işte... Türkiye diplomatik kuşatma altında kalıyor.

Sahi böyle mi devam etmeliyiz? Yoksa dayatmalardan sıkıldığımızı açıkça söylemeye başlamalı mıyız? Yumuşak başlılık mı, sertleşme mi? Çünkü, yeri geldiği zaman diplomatik üslubu bir yana bırakıp masaya yumruk çakmak, en kuvvetli diplomatik anlatım tarzı olabiliyor...

Yıldırım Bayezid vaktiyle bunu yapmış ve sonuç almıştı...

Gerçi aradan çok zaman geçti; şimdi zaman farklı, zemin farklı, oluşlar, oluşumlar farklı; ne var ki o günden beri Avrupa'nın bize karşı yaklaşımı pek değişmedi; karakteristiği zaten belli... O gün bugündür Avrupa "güç karşısında güvercin, güçsüzlük karşısında şahin"dir.

Bunu yüzyıllarla beslenen müşterek tarihimizin pek çok devrinde görebiliyoruz.

Bu yüzden, Avrupa karşısında, arada bir "Yıldırım'laşmak" gerektiğini düşünüyorum.

•••

Niğbolu Zaferi öncesi... Tarih: 25 Eylül 1396...

O tarihte Osmanlı, devlet olmaya çabalayan bir beyliktir henüz. Başkenti Bursa'dır.

Yıldırım Padişah, serkeşlik eden Bulgaristan'ı fethetmiş, buna içerleyen Macar Kralı Sigismund ise Bursa'ya özel elçisini göndererek fethi protesto etme hevesine düşmüştür.

Sigismund'un elçileri Bursa'ya girerler. Geliş çoktan tüm şehirde duyulmuş, özellikle halkın hiç "gâvur" görmemiş kesimi, sokaklara dökülmüştür.

Macar Kralı Sigismund'un özel elçisi kafilenin en önündedir. Yanında bizim yeniçerilerden dört atlı. Aldıkları emir gereği Macar elçileri Bursa girişinde karşılamış, Osmanlı Padişahı Yıldırım Bayezid'e götürmek üzere refakat etmeye başlamışlardır. Elçinin arkasında ise kendi özel muhafızları vardır.

Halk süslü koşumlu atlara binmiş elçiyi ve korumalarını hayretle izlemekte, bir yandan da gülümseyerek dalga geçmektedirler: "Vay canına Durak Çavuşum! Görmekte misin ki, koşumlar atlardan, atlar binicilerinden daha değerli... Şu gâvurcuklar çok âlem vesselâm!"

"Bunlar niye kadınlar gibi süslenmişler böyle?"

Elçi söylenenlerin bir kısmını anladığı için bozulur. Ancak aldırmamaya çalışır. Zira bizzat Kral, her şart altında diri durmasını emretmiş, sıkı sıkıya da tembihlemiştir:

"Azametli dur, sert bak, Osmanlıların içine korku salmaya çalış! Macar kafilesini görünce yürekleri ürpersin. Padişaha da meydan oku. Ona hangi hakla Bulgaristan'ı işgal ettiğini sor. Üzerine git. Yüklenebildiğin kadar yüklen! Beni temsil ettiğini unutma."

Macar elçi, kralının söylediklerini içinden tekrarlaya tekrarlaya, yeniçerilerin arkasından saraya girer. Yıldırım Bayezid Han, kralın elçisini makul bir süre sonra huzuruna alır.

Elçi, önce getirdiği hediyeleri padişaha takdim eder. Üç adım gerileyip söze başlar:

"Azametlü, kudretlü, asaletlü, fehametlü Macaristan Kralını temsilen..."

Padişah, sadrazama göz atar. Sadrazam elini kaldırıp elçiyi susturur: "Sadede gel elçi, bizim boş vaktimiz yoktur! Ayrıca da biz kuvvet, kudret, azamet kaynağı olan Allah'tan başka hiçbir kuvvet, kudret ve azametten korkmayız. Bunu böyle belle ve buna göre kelâm eyle!"

Macar elçi ne söyleyeceğini şaşırır, ilk yenilgisini almıştır. Kekelemeye başlar:

"Ama kralımızın ordusu çok büyüktür, kralımız yüce bir kraldır!"

"Dağ ne kadar yüksek olursa olsun, yel üstünden aşar."

"Siz rüzgâr değilsiniz ki..."

"Evet, ama siz de dağ değilsiniz! Hem bize 'Yıldırım' dendiğini duymuş olmalısınız."

"İyi ama Bulgaristan'ı hangi hak ve salâhiyetle işgal ettiniz?"

Yıldırım Bayezid, yine sadrazama bakar: "Bir Kur'an-ı Kerim'le bir kılıç getirun!"

Kur'an ve kılıç hemen gelir. Yıldırım Padişah, sağ eline Kur'an'ı, sol eline kılıcı alır. Önce sağ elini havaya kaldırır, Kur'an'ı gösterir:

"İşte hak!"

Sonra sol elini kaldırıp kılıcı gösterir:

"İşte salâhiyet!"

Tahtına döner:

"Var git şimdi, cevabımızı aynen kralına ilet, kendisinden korkmadığımızı da söyle. Biz hakkı Kitabımızdan, salâhiyeti kılıcımızdan alırız! Allah'a güvenir, ancak Ondan korkarız. Bütün küffar birleşip üstümüze gelseniz, davamızdan dönmeyiz!"

Bu kadar...

Macar Kralı Sigismund'un elçisi, geri geri huzurdan çıktı. Azametle girdiği Bursa'yı başı önünde terk etti.

Örneğimiz bugüne uyar mı bilmem? Sonuçta bendeniz diplomat değilim. Ama zaman zaman, ince diplomasiye gür bir ses katmak gerektiğine inanıyorum:

"İşte hak! İşte salâhiyet!" dercesine...

İNEBAHTI YENİLGİSİNDEN GÜNCEL DERSLER

AHSEN TARİHİN "TEKERRÜR" ettiğine inananlardanım. Sadece tarih değil, hatta hayat tekerrür ediyor, dönem dönem ve zaman zaman kendini tekrarlıyor.

Hayatın tuzağına, yahut uzağına düşmemek için geçmişi çok iyi değerlendirmek, geçmiş olaylardan dinamik dersler çıkarmak gerekiyor. Bu bağlamda tarihe baktığım zaman, bazı mağlubiyetlerin de en azından zaferler kadar önemli olduğunu görüyorum. Ve nesillerin tarih şuuruyla buluşması için, sadece zaferlerin değil, yenilgilerin de yazılması gerektiğine inanıyorum.

Biliyorsunuz İnebahtı Deniz Savaşı'nda Osmanlı Devleti koskoca bir donanma kaybetti. Ayrıca Kaptan-ı Derya (Deniz Kuvvetleri Komutanı) Ali Paşa başta olmak üzere pek çok yetişmiş denizci şehit düştü.

Peki bu kanlı savaş neden çıktı?

Kıbrıs'ı almıştık. Bu durum Avrupa'da büyük bir paniğe sebep oldu. Çünkü Osmanlı'nın Akdeniz hâkimiyeti güçlenmişti. Bu da Avrupa ülkelerinin deniz ticaretinin büyük bir darbe yemesi anlamına geliyordu.

Yine Papa'ya gittiler. Papa bir çağrı daha yayınladı. Avrupa elden gidiyordu, "iyi Hıristiyan"ların görevi Osmanlı'yı durdurmaktı. Venedik, İspanya, Malta ve diğer İtalya hükümetleri hemen hemen ellerindeki tüm savaş gemilerini gönderdiler. Böylece büyük bir Haçlı Donanması hazırlanıp Don Juan komutasında Akdeniz'e yelken bastı.

Öte yandan Osmanlı Devleti de donanmasını alesta etmiş, Kaptan-ı Derya Ali Paşa'nın komutasına vermişti. Yanı başında deneyimli denizcilerimizden Pertev Paşa ve Uluç Ali Paşa bulunuyordu. İki donanma 7 Ekim 1571 sabahı Mora'nın kuzey, Orta-Yunanistan ile Karlıeli'nin güney kapılarında bulunan İnebahtı Körfezi'nde karşılaştı.

Osmanlı Donanmasının amiral gemisinde hemen bir istişare meclisi kuruldu. Herkes açıkça fikrini söyledi. Pertev Paşa ile Uluç Ali Paşa savunmada kalınmasının daha münasip olacağını savunurken, Kaptan-ı Derya Ali Paşa saldırıda bulunulmasında ısrar etti. Düşman donanması toparlanmadan vuracak, dolayısıyla kolay bir zafer kazanacaktı. Bu zafer sayesinde belki sadrazam bile olurdu.

Ama evdeki hesap çarşıya uymadı. Osmanlı Donanması beklemediği bir darbe aldı ve çok sayıda gemi kaybetti. Kaptan-ı Derya Ali Paşa, sadrazamlık makamına ulaşmayı beklerken, şehitlik mertebesine ulaştı.

Uluç Ali Paşa bu savaşta büyük başarılar göstermişti. Başarısı hemen ödüllendirildi. Sadrazam Sokullu Mehmed Paşa tarafından, kaptan-ı deryalığa getirildi.

Sokullu Mehmed Paşa donanması zayıf bir Osmanlı Devleti'nin kanadı kırık kuşa döneceğini biliyordu. Bu yüzden hemen yeni bir donanma hazırlanmasını emretti. Fakat yeni kaptan-ı deryanın buna bir itirazı vardı:

"Onca gemiyi inşa itmek içün sayısuz ağaç, donanımlarını tam ve tekmil yapmak içün arşınlarca halat, yelkenleri içün binlerce kulaç kavi bez, gemileri toplarla bezemek içün çelik ve dökümhane lâzımdur. İlla bu kadar kısa zamanda bunları oldurmanın mümkünatı yoktur. Bunca nevale tedarikine Osmanlı hazinesinin tamamı bile kâr etmez."

Sokullu dik dik Uluç Ali Paşa'ya baktı:

"Bak a paşa!" dedi, "Kaptan-ı deryası olduğun devlet öyle muazzam bir devlettir ki, isterse bütün donanmanın demirlerini gümüşten, halatlarını ibrişimden, yelkenlerini atlastan yapabilir. Hangi geminin malzemesi yetişmezse, gel onu benden al!"

"Büyük devlet"in ekonomik gücünü görebiliyor musunuz? O sırada Venedik elçisinin geldiğini bildirdiler. Sadrazam Sokullu, çıkmaya davranan Kaptan-ı Derya Ali Paşa'yı durdurdu: "Kal ve gör, nasıl bir devlet idare ettiğini anla."

Venedik elçisi girdi. Böbürlenme ihtiyacıyla İnebahtı Deniz Savaşı'nı hatırlattı. Sokullu Sadrazam gülümsüyordu: "Biz," dedi, "Kıbrıs'ı almakla sizin kolunuzu kestik, siz İnebahtı'da bizi yenmekle, sakalımızı tıraş ettiniz. Kesilen kol yerine gelmez, fakat kesilen sakal daha gür çıkar."

"Devlet adamı"nın özgüvenini görebiliyor musunuz?

Kıssadan hisse...

Yenileceğinize değil, yeneceğinize inanın. Geçmişte kalan mağlubiyetleri, üzüntüleri, mutsuzlukları düşünmek yerine, gelecekte oluşacak muhtemel başarıları, güzellikleri ve mutlulukları düşünün.

O zaman kendinizi daha mutlu hisseder ve başarılı olursunuz.

HARAM YİYEN HARAMÎ OLUR

*T*ARİHÇİ ÂŞIK PAŞAZADE anlatıyor:
Sultan II. Murad'a, artan savaş masraflarını karşılamak üzere, acil para lâzım olmuş. Çandarlı Halil Paşa'yı huzuruna çağırtmış. Varlıklı büyük bir aileden gelen Çandarlı'nın elinde büyükçe bir meblâğ olduğunu biliyormuş. Borç istemiş:

"Sefer masarifati için akçe gerektür, vadesi geldükte iade etmek şartıyla bir miktar akçe viresun." (Savaşa para lâzım, belirli bir vade ile senden ödünç para istiyorum.)

Çandarlı Halil Paşa:

"Tedarük için biraz mühlet lâzım, kangi miktar virebileceksem bugün, yarun arz iderum." (Parayı toplamak için biraz zaman lâzım, toparlar toparlamaz gelir, verebileceğim kadarını veririm.)

Fazlullah Paşa, padişahın borç istediği haberini nasılsa duymuş. Duyar duymaz da huzura koşmuş:

"Kul kısmından borç alınmaz!" diye âdeta çıkışmış padişaha, "Şevketlü Hünkârım, padişahlar borç almazlar."

"Lâzım oldukta başkaca çare kalur mi ki, vezirum?"

"Padişahlara hazine gerektür Hünkârım! Müsaade buyrulursa size hazine toplayalum."

Sultan II. Murad sakin sakin sormuş:

"Nasıl toplayacaksun ey benum vezirum?"

Fazlullah Paşa cevap vermiş:

"Ahali (halk) sayenüzde zengincedur, malları-mülkleri çokçadur. Bir yolunu bulup ellerunden almak münasiptur. Böylece hazine tedariki yapmış oluruz. Leşker gazadan geru kalmaz." (Halk zenginleşti, bir şekilde servetlerini ellerinden alıp devlete geçirelim.)

Sultan II. Murad öfkeyle yerinden fırlamış:

"Bre Fazlullah!" diye gürlemiş, "Bu nasıl söz söylemektur? Bilmez misun kim bizum mülkümüzde üç helâl lokma var: Bunlardan birincisi madenlerumuzdur, ikincisi vergilerdur, üçüncüsü harp ganimetleridur. Bizum leşkerumuz gaziler leşkeridur kim kursaklaruna haram lokma girmez. Şol padişah kim leşkerine haram lokma yedurur, ol leşker haramı olur. Haraminin sebati yoktur. Bir küçük zorluk gördükte firara kadem basar. Biz leşkerumuze haram lokma yedurmezuz. Söyledüklerun duymaz olam."

(Öyle şey olmaz! Devletin helâl geliri madenler, vergiler, bir de fethedilen bölgelerden elde edilen zenginliklerdir. Bunların dışındaki gelir helâl olmaz. Bizim ordumuz gaziler ordusudur, ordumuza asla haram lokma yedirmeyiz. Çünkü haram yiyen ordu haramî, yani eşkiya olur. Eşkiya yüreksizdir. Zorluk görür görmez kaçar. Sözlerini duymamış olayım.)

İşte böyle... Osmanlı padişahı ile vatandaşı, aynı duyarlılık içinde hayatın "helâl" ile çerçevelenmesine dikkat ederlerdi. "Haram yiyen haramî olur" anlayışıyla "Haram"a yaklaşmazlardı. Belki bu yüzden hayatlarında kriz olmaz, darlık olmaz, geçim sıkıntısı olmazdı.

Bugün ise ne yöneten, ne yönetilen, "helâl" ve "haram" konusunda hassas değiliz. Kriz ve darlık içinde yaşıyoruz.

Biz, çoktandır, "Haram yiyen haramî olur" anlayışından kopup, vaktiyle rahmetli Alipaşa Dayı'dan duyduğum tekerlemeye geldik:

"Helâl haram ver Allah, rezil kulun yer Allah!"

Reziller tüyü bitmemiş yetim hakkı yiyor, ellerine fırsat geçerse milletin kanını emiyorlar.

Ortalığı "kırk haramiler" götürüyor!

SULTAN İBRAHİM DELİ MİYDİ?

ULTAN BİRİNCİ AHMED'LE Kösem Sultan'ın oğulları, Sultan Dördüncü Murad'ın kardeşi Sultan İbrahim 5 Kasım 1616'da İstanbul'da dünyaya geldi. 1640-1648 yılları arasında 8 yıl padişahlık yaptı. 18 Ağustos 1648'de cebren tahttan indirdiler ve Evliya Çelebi'nin deyişiyle, "Mazlum İbrahim Han'ı boğarak şehit ettiler." (Henüz 32 yaşındaydı)

Lâkabı "Deli" olan bu Padişah, acaba gerçekten deli miydi?

Okul kitaplarımız "Evet," diyor, "Sultan İbrahim tam bir zırdeliydi!"

Açıkça şunu ifade etmeliyim ki, Cumhuriyet Türkiyesi, eski köklerin üzerinde kendini geliştirmeye çalışacağına, kökleriyle gereksiz bir rekabete girdi, Osmanlı'yla yarışa kalkıştı.

Bu "abes" yarışın galibi olmazdı, çünkü Osmanlı ile yarışmak kendi kendimizle yarışmak anlamına geliyordu: Nihayetinde "Biz Osmanlıyız!"

Ayrıca da Osmanlı'yı geçmek imkânsız!

Düşünün... Zaman zaman yüzölçümü 22 milyon kilometre kareye ulaşan bir coğrafya: maliyesi sağlam, eğitim sistemi sağlam, sağlık sistemi (İstanbul'da birkaç sokağa bir doktor ve hastabakıcı tahsis edebilecek kadar hem de) sağlam, askerî açıdan karada ve denizde rakipsiz, tarih boyunca görkemli zaferler kazanmış bir imparatorluğu, 780 bin kilometrekareye düşmüş toprağınızla, IMF kontrollü maliyenizle, kavga üreten siyasetinizle, lafazanlıkta yarışan üniversitenizle, kırık-dökük eğitim ve sağlık sisteminizle, yasaklarınız, rüşvetleriniz, vurgunlarınız, soygunlarınız ve dahi irtica yaygaralarınızla mı geçeceksiniz?

Övünmemiz, ilham ya da ders almamız gereken geçmişimizle yarışmaya kalkışıp, geçemeyince hırçınlaştık. Geçmişimizi geçmemiz şartmış, yoksa tutunamazmışız gibi düşünerek kendi kendimize saldırır gibi geçmişimize saldırmaya başladık. Kendi kendimizi karalar gibi geçmişimizi karaladık...

Sultan İkinci Abdülhamid'e "Kızıl Sultan", Vahideddin'e "Hain Sultan" damgası vurduk.

Kimisine "yobaz", kimisine "gerici" dedik.

Bu arada Sultan İbrahim Han'ın talihine de "Deli" lâkabı düştü!

Fatih Sultan Mehmed gibi, neredeyse tüm dünyanın selamladığı büyük padişahların, bu karalama kampanyasının dışında tutulduğunu zannetmeyin, dönem dönem maalesef onlar da nasiplerini aldılar!

İsterseniz size, başta Fatih Sultan Mehmed olmak üzere, tüm padişahlara, hem de Meclis kürsüsünden yöneltilmiş bir saldırıyı örnek vereyim:

Tarih 3 Mart 1924. Meclis'te Hilafet'in kaldırılması görüşülürken, seçimle değil, tayinle milletvekili olan "Rize Milletvekili" Ekrem Bey, TBMM kürsüsünden şöyle bağırıyor:

"Efendiler! Millete hizmet etmiş, tarihimizde, bir çok sadrazamlar gösterebilirsiniz. Fakat padişah göstermek için müşkülat çekersiniz. Bunların tahta bağlı olmalarının sebebi yalnız menfaat, ihtiras; bundan ibarettir... Türk milletinin bu kadar geri kalmasına sebep padişahlardır... Bu padişahlar bidayet-i saltanatlarında hiçbir şey yapmamışlardır... Bu tarihi (yani Osmanlı tarihini) yukarıdan aşağıya tetkik ederseniz, hep cinayet, şahsî ihtiras görürsünüz...

"Sultan Fatih'ten mi bahsedeceksiniz? Benim gözümün önüne, onun, sırf bir arzusu için, en kıymetli sadrazamımız olan Mahmud Paşa'yı katlettirmesi geliyor. Devri baştan aşağıya cinayettir. Mazisi cinayetlerle dolu ve Türk milletine hizmet etmemiş bulunan bu aile..." (İkinci Meclis Zabit Ceridesi, cilt 7, s. 31'den özet olarak.)

Başka söze ne gerek var? O devrin önder isimlerinin Osmanlı tarihine ve tarihi inşa eden isimlere bakışı böyleydi deyip geçelim. Fatih Sultan Mehmed'in nasiptar olduğu kinden, Sultan Mustafa mı masun kalacaktı? Ona da bir kulp takıp "deli" deyiverdiler.

Aslında bunu ilk kullananlar, onu katledenlerdi. İşledikleri cinayet yüzünden tarihin ve kişilerin vicdanlarında mahkum olma korkusu yüreklerini sarınca, sıyrılma çareleri aramaya çıktılar. Sultan Mustafa'nın balıklara inci-mercan ve altın atmasını "delil" göstererek "deli" demeye karar verdiler.

"Deli, çünkü balıklara inci-mercan atıyor! Balık inciden ne anlar?"

"Balık" anlamaz, ama "Halık" anlar! Ne demişti atalarımız: "İyilik yap denize at, balık bilmezse, Halık bilir."

Sultan Mustafa son derece dindarâne bir zarafetle, aslında arkasındaki hizmetkârlara, halayıklara, cariyelere "sadaka" veriyordu. Kendisi dairesine çekilince, havuza attığı altınlarla kıymetli taşların, arkası sıra gelen mahdut gelirli hizmetkârlar tarafından toplanıp bölüşüleceğini çok iyi biliyordu.

Cemil Meriç Hocam, Sultan İbrahim'i, "Osmanoğulları'nın en akıllısı" ilân ediyor ve balıklara inci-mercan atmasından yola çıkarak şöyle bir hüküm geliştiriyor: "İnci balıklara atılmak için yaratılmış olmasaydı, denizlerde ne işi vardı? İnsanlar beyinlerini fırlatıyor lâğıma!"

Son söz: Bugün bile Sultan İbrahim'e "deli" diyenler, Rus halkının, gerçekten "deli" olan Rus Çarı Deli Petro'ya, "Büyük Petro" dediğini hatırlayıp azıcık sıkılmalıdırlar.

•••

Meraklılar için not: Muteber Osmanlı kaynaklarında Sultan İbrahim için "deli" denmiyor. Buna daha ziyade yakın tarihte yazılan kaynaklarda rastlanıyor. Bu lakabı ilk kullanan ve çevreye yayan ise, Padişah'ın katlini hararetle isteyen Kara Çelebizâde Abdülaziz Efendi ile Anadolu'nun huzuru için idam ettirdiği Şiî isyancı Kesikbaş Emirgûnaoğlu'dur.

Sultan İbrahim'in askerî, malî, adlî ve idarî ıslahat konusunda yaptıkları, atılan iftiranın ne kadar haksız olduğunu belgeliyor.

Zaten uzmanların da bu konuda tespitleri var: Buna göre, onun rahatsızlığı, "anksite bozukluğu" denilen "nevroz" türünden bir hastalıktı. "Psikotik" ve "deli" değildi. Zaten devrinin hekimleri de "elem-i asabî" teşhisini koymuşlardı ki, bu da "yaygın anksite"den başkası değildir. Bu hastalık, aklı bozan cinnet türünde bir hastalık sayılmamaktadır. O zaman "deli" isnadı iftiradır.

OSMANLI PADİŞAHLARI DİKTATÖR MÜYDÜ?

ÇOCUKLARIMIZA OSMANLI hükümdarlarını "diktatör" olarak tanıtmışız. Ders kitaplarında onlardan bahsederken çok kere "Asarlar, keserler!" demişiz. "Yakarlar, yıkarlar, üstelik kimseye de hesap vermezler" diye notlar düşmüşüz.

Oysa bir şeyhülislâm (Zembilli Ali Cemali Efendi) padişahın (Yavuz Selim) karşısına dikilebilmiş, "Seni kılıcımla doğrulturum" diyebilmiştir...

Bir kadı, (ilk İstanbul Kadısı Sarı Hızır Çelebi) minderinin altına sakladığı demir topuzu (gürz) padişaha (Fatih Sultan Mehmed) gösterip, "Padişahlığına güvenip hükmümü dinlemeseydin billahi bu gürz ile başını ezerdim" diyebilmiştir.

Bir başka kadı (Bursa Kadısı Emir Sultan) Yıldırım Bayezid gibi öfkesi burnunda genç bir padişahı, "Namazlarını cemaatle kılmadığın için çıkan 'binamaz' söylentisini giderene kadar şahitliğini kabul etmiyorum" diyerek mahkemeden âdeta kovabilmiştir.

Konuyu biraz açalım mı ne dersiniz?

Düşünün ki, son padişahlar bile cuma namazına giderken "talebe-i ulum"dan bir grup bir ağızdan şöyle bağırırlardı:

"Mağrur olma padişahım, senden büyük Allah var!"

Ve "diktatör" ilân ettiğimiz padişahların en büyüklerinden, en cihangirlerinden, en sertlerinden bir tanesi, (Yavuz Padişah) "Hâkimü'l-Haremeyn" ünvanı karşısında ürpertiler geçiriyor, dayanamıyor, kendini secdeye atıyor, sonra melûl, mahzun doğruluyor ve hutbedeki hatibe, "Hâkimü'l-Haremeyn değil, Hadimü'l-Haremeyn" (Mekke ve Medine'nin hizmetkârı anlamında) diyerek kendi kendini Harem-i Şerif'in hizmetkârı ilân ediyordu.

Hatırlar mısınız, Hazret-i Ömer (r.a.) şahsî gelirinden bir kısmıyla bir adam tutmuş, saçlarına ak düşene kadar bu adama her sabah sistemli şekilde, "Ya Ömer ölümü unutma, mahşeri unutma!" diye bağırtmış, ahiretle arasına bu cümleyi köprü yapmıştı. Adaleti ile yalnız Müslümanları değil, Hıristiyan dünyasını bile teshir eden büyük Halife Hazret-i Ömer'in bu tutumuyla Osmanlı padişahlarının –ki, birçoğu aynı zamanda halife idi– Allah'a teslim oluş halleri ne kadar birbirine benzer.

Binaenaleyh, Osmanlı hükümdarları hiçbir zaman "mutlak" olduklarını kabul etmemişler, ettirmeye de çalışmamışlardır. Aksine, ulemaya tabi olmuşlar, büyük hesap gününü her zaman göz önünde bulundurmuşlardır.

Allah'ı bilen, Allah'a hesap vereceğine inanan kişi, hiç kuşkusuz ki, yaptığı her hareketin uhrevî ve dünyevî sorumluluklar getireceğine de inanır; böyle birisinin diktatör, baskıcı, hırsız, sorumsuz, asan-kesen biri olması mümkün mü?

Maneviyat adamlarına ve maneviyata bu derece önem veren, Allah korkusunu bu derece içinde duyan, hesap gününü bu kadar canlı olarak hafızasında tutan, ölüme her an hazır bulunmaya bu kadar dikkat eden insanlar hakkında "diktatör" tanımlaması ne kadar akla yakındır?

Gelelim...

Padişah değil de, küçük bir memur düşünün! Gözünde ne Allah korkusu vardır, ne gönlünde mahşer endişesi. Tek engel âmirleri. Ama bir yolu var: Ya onları da ikna eder –ki, çok defa böyle oluyor– veya onlardan gizli işler çevirir. Kanun mu? Adam sen de! Kanunun görmediği öylesine çok yer var ki! Ve rüşvet alır başını gider.

Ama inanan insan için, Allah'ın görmediği yer yok.

•••

Padişahların hukuka bağlılıklarını gösteren örneklerden, Kanuni Sultan Süleyman devrine ait bir örnek üstünde duracağım.

Bu çok enteresan bir olay; ama önce biraz ayrıntı vermem gerekiyor.

Osmanlı (ve tabii ki İslâm) hukukunda, vakıf malların kira bedelleri, her sene yeniden ayarlanırdı (ecr-i misil). Teklif edilen kirayı dükkân sahibi kabul etmezse dükkânı boşaltırdı.

Bahsedeceğim olay da işte bu konuda çıktı...

Ayasofya Vakıfları'na ait dükkânların kira bedelleri vakıf tarafından bir miktar yükseltilmişti. Kiracılar itiraz edip mütevelliler kanalıyla Kanuni Sultan Süleyman'a müracaat ettiler: "Vakfın son derece zengin olduğunu, dükkânların mevcut gelirinin giderlere fazlasıyla yettiğini, kira bedellerinin artırılmasına gerek bulunmadığını, kendileri de Müslüman ve muhtaç oldukları için, vakfın bir miktar parasının üzerlerine geçmesinde dinen mahzur olamayacağını" öne sürdüler.

Kanuni, merhameti öfkesine galip bir padişahtı. İnsanların mağdur olmasına da hiç dayanamazdı. Mütevelli heyeti dinledikten sonra, kira bedellerinin bu senelik yükseltilmemesi için ferman verdi. Mütevelli heyet, padişah fermanını güle oynaya Şeyhülislâm Ebussuud Efendi'ye götürdü. Zira "gereğinin yapılması" kaydıyla fermanı kadılara gönderme görevi ona aitti. Ebussuud Efendi, fermanı okur okumaz itiraz etti:

"Bunu tamim etmezem. Padişah fermanıyla kira tespiti yapılamaz. Zira padişahın emriyle nâmeşru (yanlış) olan şey meşru (doğru) olmaz; haram olan nesne, ferman ile helâl olmak yoktur. Bu hususlarda emr-i şer'-i şerif (dinin emri) budur. Şer'i hükümlere vâkıf iken onları ketmetmek, Kur'an'daki bir âyetin tehdidine maruz kalmaktır."

Durum padişaha arz edildiğinde koca Kanuni boynunu büktü: "Şeyh'in sözü haktır!"

Osmanlı Devleti'ni, kendi çağının önderi ve örneği yapan şey, işte bu kılı kırk yaran hukuk anlayışıydı. Hukuka önce padişahların uyma zorunluluğu vardı.

"EŞİTLİK" KAVRAMI VE PADİŞAHIN YETKİLERİ

AMERİKA VE AVRUPA'YI SAYIYORUZ. "Özgürlük" bu ülkelerde kavram olarak var, ama acaba toplumsal sınıflar eşit olarak bunun nimetlerinden yararlanabiliyorlar mı?

Meselâ sokaklarda yatmak zorunda olan çulsuz biriyle bir iş adamına, ya da mevki-makam sahibi birine, demokrasi, aynı imkânları mı sunuyor?

Ya da şöyle düşünelim: Demokrasinin çulsuza verdiği hakla (tabii ki bu insana verilen değerle ölçülür) seçkine verdiği hak aynı mı?

"Hayır," diyor, Fransız tarihçi Ch. Seignobos. "Batı'nın eşitliği nispidir. Aslında her alana müthiş bir eşitsizlik hâkimdir. Ülkemi (Fransa) ele alacak olursa evvela asiller ve rahipler sınıfını görürüz. Onların alt katında üç sınıf daha var: Burjuva (Bourgeosie), Vilen (Vilain) ve Sarf (Serf yani esir, ya da köle).

"Asillerle rahipler, eski dönem boyunca tüm haklardan ve nimetlerden yararlandılar. Yeni döneme gelince... Demokrasi yine bu zümrelere çalıştı, çünkü mekanizmaya hâkimdiler, geçişi diledikleri gibi ayarlayıp mekanizmayı istedikleri gibi işlettiler."

Böylece asiller ve rahipler sınıfı hem yönetime hâkim oldular, hem de ekonomiye... Bazı istisnalar hariç tutulursa, alt tabakaların başarı şansları hiç olmadı.

Hatta bazı sınıfların hayvanlar kadar bile hakları yoktu. Bütün angaryalar alt sınıfların boynundaydı. Derebeyleri topraklarını satmak istediklerinde "kelle" hesabıyla köylüleri de satışa sunarlardı.

Köylü, derebeylerine ait topraklarda bedava çalışmak zorundaydı. (Buna corvé/angarya denirdi) Kaçmak istediğinde dövülür, işkenceye tabi tutulur, hatta vurulurdu.

"Köylüler, köylerinin sahibi olan derebeyinin her arzusuna, hiçbir savunma hakkı olmaksızın, boyun eğmek zorundaydılar. Çünkü isterse derebeyi onları yargılayabilirdi ve hüküm kesindi. Köylülerin ise başvurabilecekleri bir merci yoktu." (Ch. Seignobos, Le Moyen Age, Paris 1907)

"Savaş güncel işlerdendi. Prensler, asilzadeler, şövalyeler durmaksızın bir birlerine savaş ilân ederler, savaş sebebiyle köylülerin ekinlerini mahvederler, hayvanlarına ve kalan ürünlerine el koyup kalelerine çekilirlerdi." (a.g.e., s. 236)

"Derebeyinin kendi malikânesindeki köylüler üzerinde ne gibi hakları varsa, şehirliler üzerinde de aynı hakları vardı. Bu haklar içinde halkın gözlerini oydurmak, burunlarını kestirmek, elleriyle ayaklarını kestirip o vaziyette kalabalığa teşhir etmek gibi kanlı uygulamalar olağan sayılırdı." (a.g.e., s. 241)

Fransız Enstitüsü üyesi Funck-Brentano'nun "La société au moyen âge" isimli eserinde köylülerin "namuslarına sahip çıkma" haklarının bile olmadığını yazar:

"Halkın derebeylerine karşı aile namuslarını koruma hakları bile yoktu. Çünkü gelinle damat, gerdeğe girmeden önce davetlileriyle birlikte derebeyinin şatosuna gitmek ve gelini derebeyine sunmak zorundaydılar. Derebeyi isterse gelinle sabahlayabilir ve hiç kimse bunun hesabını soramazdı. (La société au moyen âge, Paris 1937, s. 51)

Aynı dönemde, hatta daha öncesinde Osmanlılarda "eşitlik ilkesi" tüm hayata hâkimdir. Lois Gardet'in deyişiyle, "Bütün mü'minler kanun nazarında eşittir, çünkü kardeştirler."

Bunun kolayca sağlanmasının sebebini inanç sisteminde aramak lâzım... İnancın gereği olarak Osmanlılarda "imtiyaz/ayrıcalık" yoktur. Tabiatıyla "asiller sınıfı"ndan ya da Hıristiyanlıktaki gibi "ruhban sınıfı"ndan söz edilemez.

Selçuklu ve Osmanlı tarihinin aynı döneminde, Avrupa tarihinde gördüğümüz insanlık dışı uygulamalara asla rastlanmaz. "Kanun önünde eşitlik ilkesi" hayata öylesine derinden hâkimdir ki, sıradan insanlar kimi padişahları mahkemeye verip yargılatmış, hatta mahkûm ettirmişlerdir.

Bunu yapabilmek bugünün demokratik anlayışı içinde bile zordur.

Bu anlayışın temelinde, kuşkusuz, İslâm'ın "kul hakkını yememe" kuralı yatar. Allah'ın kul hakkını bağışlamayacağı inancı, yöneticileri hamiyetli, yönetilenleri emniyetli yapmıştır.

Böyle bir ortamda diktatörlüğün herhangi bir versiyonunun yeşermesi neredeyse imkânsızdır. Zaman zaman diktatoryal yansımaları olan bazı uygulamalar ise, bugünün anlayışıyla değil, dönemin zaruretleriyle birlikte düşünülmelidir.

Yüzyıllar boyu Osmanlı ülkesine gelip tetkiklerde bulunan Avrupalı gezginler, Avrupa ile mukayese kabul etmez insan hakları uygulamaları karşısında şaşkınlıklarını dile getirmekten kendilerini alamamışlar, kendi toplumları için de böylesine "hakça" ve "insanca" bir yönetim temenni etmişlerdir.

Bunların arasında özellikle Comte de Marsigli'nin tespitleri dikkate değer. Çünkü Marsigli bir İslâm-Türk düşmanıdır. Buna rağmen Osmanlı Devleti yönetiminin insanlara verdiği değerle riayet ettiği insan hak ve hürriyetlerinden bahsetmiştir.

Kendisi diplomat olan bu kişi, 1732'de La Haye'de yayınladığı hatıratının birinci cildinin 28-29. sayfalarında Osmanlı idaresini övmekten geri duramaz:

"Tarihçilerimizin hepsi Osmanlı padişahlarının diktatör olduklarını dünyaya ilân ediyorlar. Halbuki Osmanlı devlet sistemiyle diktatörlük arasında en ufak bir bağ yok. Nasıl olsun ki, padişahın maiyetinde bulunan ve adına 'Kapıkulu' denen askeri teşkilatın (yeniçeri ve sipahileri kastediyor) gerek eski padişahlardan kalma kanunlar mucibince, gerekse kendi gelenekleri gereği padişahı tahttan indirebiliyor, zindana bile atabiliyorlar."

Avrupalı diplomat Comte de Marsigli, padişahların "mutlak" olmadıklarını belirtme açısından, şöyle bir olaydan söz ediyor:

Sultan IV. Mehmed'in (Avcı Mehmed) taht yılları...

Ava fazla meraklı olduğundan devlet işleriyle ilgilenmemesi, sınır kalelerden feryatlar yükselmesine sebep olur. Osmanlı'nın kılıcından boynunu uzak hisseden Macaristan imparatoru Leopold sınır kaleleri bir bir vurmaya, Osmanlı köy ve şehirlerini yağmalamaya başlar.

Bunun vahim sonuçlarını Padişah'a anlatmakta zorlukları bulunan Sadrazam, ulema ile istişare ettikten sonra savaş kararı alır. Ve padişaha bunu "karar" olarak tebliğ eder:

"Hünkârım, tez vakitte Macaristan'a seferimiz vardır, dualarınızı eksik etmeyesüz."

Savaş kararı ciddi iştir ve o güne kadar padişahlar tarafından alınmıştır. Sultan Mehmed öfkeyle bunu hatırlatınca şu cevabı alır:

"Hâdisatın vehametini arz edecek merci bulamazız!"

Padişah öfkelenmekle birlikte sadrazamına hak vermekten de kendini alamaz. Haklıdır, zira padişahın günleri Davutpaşa'daki av köşkünde geçmektedir. Ama bu zaafını sadrazamına belli etmek istemez.

Kükrer gibi sorar:

"Şimdi bu kararı tasdik etmemi beklemektesin öyle mi?"

"Beli, tasdik buyurasuz hünkârum."

"Evvelemirde şeyhülislâm hazretlerine arz edile, fetva alına..."

Sadrazam işin böyle gelişeceğini çoktan düşünmüş, şeyhülislâmdan gerekli izni çoktan almıştı.

Fetvayı uzattı:

"Ol mesele hallolmuştur, sıra hünkârımın tasdikine gelmiştur."

Kararın hukukilik kazanması padişahın onayına bağlıdır. Ancak padişah "şu sıralar" böyle bir savaşı uygun bulmamaktadır.

"Bir vakit talik edelim (erteleyelim)."

"Hadisatin buna tahammülü yoktur. Serhad şehirlerumuzden feryad ü figânlar gelir, Müslüman ırzı ve namusu pâymal olurken, bekleyemezuk. Beklemek azim vebal olur. Mühürleyunuz hünkârım!"

Padişah direnmeyi tekrar denedi. Zira hem Macaristan'la girişilecek bir savaşın iyi sonuçlar vermeyeceğine inanıyor, hem de "av günleri"nden uzaklaşmayı kabullenemiyordu.

"Daha münasipçe bir vakitte olsaydı mühürlerdim, velâkin şimdiki zaman cenge elverişli bir zaman değil, yaza kalsun."

Sadrazam temenna ederek huzurdan ayrıldı.

Doğruca şeyhülislâma gitti.

Durumu açık açık anlattı.

Ve şeyhülislâm, İslâm-Türk düşmanı Comte de Marsigli'nin 1732'de La Haye'de yayınladığı hatıratında belirttiği üzere yeni bir fetva çıkardı. Özetle dedi ki:

"...Bu durumda padişahın savaş ilânını erteleme yetkisi yoktur. Tasdike mecburdur vesselâm!"

Padişah savaş ilânını onaylıyor.

Marsigli, padişahların "mutlak" olmadıklarına dair pek çok örnek verdikten sonra, yukarıda adı geçen kitabının 31. sayfasına şu hüküm cümlesini yerleştiriyor:

"Buraya kadar verdiğim örneklerden de anlaşılacağı gibi, Osmanlı Devleti bir aristokrasi değil, bir demokrasidir."

M. Porter'i dinleyelim:

"Kur'an hükümleri zulüm ve istibdada karşı çok kuvvetli bir engeldir.

"Savaş ya da barışla Osmanlı hâkimiyetine giren Hıristiyan milletlerin malları ve mülkleri güven altına girer. Padişah, Hıristiyan ahalinin haklarının da muhafızlığını yapmak zorundadır. Bu durumda keyfi bir istibdat manzarası görmeye imkân yoktur."

İngiliz yazar Th. Thornton da şöyle diyor:

"Osmanlılarda insan en değerli varlık. Çünkü Kur'an böyle diyor. Bu durumda insana baskı ve şiddet uygulanabilir mi?"

Fransız gezgini ve yazarı A. L. Castellan yazıyor:

"Tebaasının hayatına, namus ve haysiyetine, malıyla mülküne hâkim sayılan padişahın iradesi Kur'an hükümlerinden, şeriat ulemasının kararlarından veyahut Şeyhülislâmın fetvalarından üstün değildir." (Moeurs, usages, costumes, des Othomans et abrégé de leur historie 1812, c. 3, s. 14-15)

Kitabının 28-29. sayfalarında ise bir olaydan bahseder:

"Sultan I. Mahmud (gerçi yanlışlıkla III. Osman diye yazmıştır, ama verdiği tarihte Osmanlı tahtında I. Mahmud oturmaktadır) hastalığı sebebiyle bir cuma günü camie gidemediği için halk galeyana gelmiş, taşkınlık yapmış, bundan dolayı padişahın hastalığı artmış, buna rağmen ertesi cuma Ayasofya'ya namaza giderek halkı memnun etmeye çalışmıştır."

Yani halk denetim görevini yapıyor.

A. Ubicini'yi dinleyelim:

"Osmanlı Devleti şeklen mutlak bir saltanat olmakla beraber, esasına bakıldığı zaman her şeyden önce müesseseleriyle saltanatın tabi olduğu şartlardan ve ondan sonra da dünyanın hiçbir yerinde misli görülmemiş derecede hükümet yetkililerini tadil ve hatta sınırlandıran örf ve âdetlerinden dolayı yumuşak bir idaredir." (La Turquie actuelle, 1855 Paris, s. 12)

"Bütün Osmanlılar içinde hayat şartlarının eşitsizliğinden şikayet edebilecek yegane insan padişahtır. Aynı zamanda hem herkesten üstün, hem herkesten aşağı bir vaziyette bulunan padişah istediği gibi bir evlilik yapma yetkisinden bile mahrumdur." (s. 122)

Eski Romanya başbakanlarından meşhur tarihçi Iorga, on beşinci asırdan on dokuzuncu asra kadar Osmanlı Devleti'ni gezen seyyahların hatıralarını değerlendirdikten sonra dürüst bir tarihçi vicdanıyla şu hükmü veriyor:

"Bugün Doğu'nun son derece geniş sahalarıyla Hıristiyan Batı'nın birçok zengin eyaletlerine hâkim olan Osmanlı cemiyetine demokrasi zihniyetinin hâkimiyeti ilk günlerinden itibaren hiçbir fasılaya uğramadan devam etmiştir." (Les voyageurs français dans l'Orient européen, Paris 1928, s. 44)

"Osmanlı ülkesinin hiçbir tarafında halktan üstün sayılabilecek beylerle asilzâdelerden oluşmuş hiçbir yüksek tabaka, yahut soylular sınıfı yoktur." (Chalcondyle, Histoire générale des Turc, Paris, 1662)

"Osmanlı memleketini gezerken, bütün insanların eşit olduğunu ilân eden İslâm kanununun dürüstçe uygulanışı karşısında derin düşüncelere daldım." (James Baker, Turkey in Europe, Londra, 1877)

Osmanlı toplumu kendine öz güveni yüksek, moralli ve umutlu bir toplumdur. Yenilse bile umutlarını yitirmemekte, mağlubiyetin kendisinde bir aşağılık duygusu oluşturmasına izin vermemektedir.

"Harp talih işidir, kaderdir, başarı ve başarısızlık ebedi değildir" anlayışı içinde başarıdan şımarmayan, başarısızlığa ise teslim olmayan sağlam bir karaktere sahiptir.

İstanbul incelemeleriyle tanınan İngiliz yazar Georges Young, bu karakteristiği şöyle bir cümle ile özetliyor. Diyor ki:

"En fakir Türk köylüsü bile kendini Ermeni bankeriyle Rum tüccarından üstün görür." (Constantinople, Paris, 1934)

Toparlarsak:

• Osmanlı bir "töre devleti" kurmuştur. Başta padişahlar olmak üzere, kanun-u kadim, özetle "töre", herkesi bağlar. Hiç kimsenin kudret ve kuvveti "mutlak" değildir. Özellikle padişahlar denetim altındadırlar ve kanunlarla törelere uymak zorundadırlar.

• Padişahlar savaş ve barış ilânı hakkından bile mahrumdurlar. Bunun için ulemanın onayını almak zorundadırlar. (Sultan IV. Mehmed, Macaristan savaşını erteleyememiştir.)

• İsrafa ve sefahate meyleden padişahlar, ulema fetvasıyla halledilir (tahttan indirilir). Avrupa'daki gibi istibdat ve mutlakıyet yoktur, insanlık vardır.

• Osmanlı Devleti, insan, hayvan ve bitkiye yönelik hizmetler üreten büyük bir hayır kurumuna dönüşmüştür. Padişahlar bu büyük hayır kurumunun garsonlarıdır!

• Yükselme devrinde padişahların şeyhülislâmları görevden alma yetkileri yoktur, ama şeyhülislâmlar padişahları azletme yetkisine sahiptirler.

• Osmanlı devlet sistemi, pek çok yabancı düşünürün tetkik ve tescilinden geçtiği üzere "mutlakıyet" değil, insanı merkez alan ve insana değer veren, bugünkü anlayışa yatkın demokratik bir yapıdır.

- İnsanı merkez alan anlayışın kaynağı Kur'an'dır ve Kur'an hükümleri zulüm ve istibdat meyline karşı en büyük engeldir. Bu yüzden padişahlar ve yöneticiler zulmü bir yöntem olarak benimsememişler, bu yoldaki bazı münferit hareketleri ise şiddetle cezalandırmışlardır.

- Her padişah, tahta çıkar çıkmaz, Kur'an'a ve töreye bağlı kalacağına yemin eder.

- Halkın iradesi padişahın nüfuz ve kudretinden üstündür. Bu yüzden padişahlar zaman zaman kıyafet değiştirip halkın içine karışmakta, talep ve değerlendirmeleri birinci elden almaya özen göstermektedirler.

- Sultan I. Mahmud devri reisü'l-küttablarından (dışişleri bakanı diyebiliriz) Emârzâde Hacı Mustafa Efendi, Fransız Sefiri Marquis Villeneuve'e söyledikleri meşhurdur: "Aslına bakarsanız, Osmanlı Devleti, adı henüz konmamış bir cumhuriyettir."

- Osmanlılarda en nüfuzlu insan padişah değil, şeyhülislâmdır. Şeyhülislâmın herhangi bir kararına padişahın itiraz etmesi söz konusu bile değildir. Padişahların isteğini reddeden pek çok şeyhülislâm vardır.

- Osmanlı Devleti'nde, bugünkü anlamda olmasa bile, yakın anlamda "kuvvetler ayrılığı prensibi" mevcuttur. Padişah, idarî işlerde hükümete karışamaz, tahakküm edemez. Yalnızca tavsiyelerde bulunabilir.

- Avrupa'da hiçbir insan hakkı yokken, Osmanlı'da padişahların ve diğer yöneticilerin, insan haklarına riayetleri diplomatik belgelerden anlaşılmaktadır. (Bu da zaten inanç temellidir. Çünkü insan haklarına riayetsizlik kul hakkını gözetmeme anlamına gelir.)

- Kendi yaptırdığı camiin dışında hiçbir padişahın adı hiçbir binaya, şehre, esere verilmemiştir. Bu gelenek Cumhuriyet'ten sonra oluşmuştur.

- Halk, padişahı açıktan açığa tenkit etmek, devlet ve hükümet adamlarını alaya almak hakkına sahiptir. Vaizler vaazlarında, halk hatipleri meydanlarda tenkit hakkını kullanırken zabıta müdahale etmez. Özgürce konuşurlar. Bunun sayılamayacak kadar örneği var.

- Padişahlar yalnız Müslüman milletin değil, yönetimi altında bulunan gayrimüslim milletlerin de hakkını-hukukunu muhafazaya mecburdur.

- Osmanlı Devleti'nde Müslüman olmayan insanların dinlerini özgürce yaşama hakları mevcuttur. Kimse onlara baskı yapamaz, kimse kem gözle bakamaz (Fatih'in "Amannâme"si), kimse onları aşağılayamaz ve asla kınayamaz.

Durum "daha iyi" olsaydı, Osmanlı asırlarını anmayla kalır, kimse özlemez, hatırladıkça iç çekmezdi.

OSMANLI'DA KUVVETLER AYRILIĞI PRENSİBİ

*M*UHTEŞEM SÜLEYMAN, son seferinde Avusturya üzerine yönelmişti (1 Mayıs 1566). 71 yaşındaydı ve diri göründüğünü söyleyenlere acı acı gülümseyip, "Ayruk gocaduk" diyordu.

Zigetvar Kalesi kuşatması sırasında rahatsızlandı. Koca çınar yıkılma aşamasına gelmişti. Başucunda 24 saat Kur'an-ı Kerim okunmasını emretti. Hafızlara sık sık kendisi de eşlik ediyordu.

Zigetvar kuşatması uzadıkça canı sıkıldı. Komutanlarını Otağ-ı Hümayûna (padişah çadırı) çağırdı: "Bu kal'a bizum yüreğumuzi yakmışdur," dedi, "dileruz Haktan ateşlere yana!"

5 Eylül günü dış kalenin teslim alındığını duyunca pek sevindi. Ellerini açıp dua ettikten sonra, bir anlık gençleşen sesiyle son kez kükredi: "Tiz iç kale de fetholunsun!"

İç kale de fethedildi. Ne çare ki koca hünkâr, ondan sadece birkaç saat önce fani hayata gözlerini kapamıştı. (6/7 Eylül gecesi, 1566)

Sahib-i devlet ölmüştü. Padişah-ı cihan, dâr-ı cinana vasıl olmuştu. En uzun seferi başlamıştı, ki o uzun sefere tac u tahtsız, şan u şöhretsiz çıkılırdı.

46 yıllık hükümdardı. İç organları öldüğü yere, vücudu İstanbul Süleymaniye'deki camiinin avlusunda, Koca Sinan'a yaptırdığı türbesine gömüldü.

Büyük bir hükümdardı. Doğu'da ve Batı'da "Muhteşem" unvanıyla anılırdı. Tarihimizdeki hataları büyüteç altında inceleyen yabancılar bile büyüklüğünü kabul ederek, onu daima saygıyla andılar.

Sir Edward S. Creasy şöyle diyor: "Süleyman büyüktü. Yalnız müsait şartların tesadüfleriyle değil... Kullandığı azim ve ifade dolayısıyla da değil... O, bizatihi büyüktü."

Sir William Sterling-Maxwell de aynı kanaattedir: "I. Süleyman, on altıncı asrın en büyük hükümdarıydı."

Zaferleriyle değil, insanlığıyla büyüktü. Öncelikle adildi. Hangi konumda olursa olsun, insana saygılıydı. Herkesin hakkını gözetir, haksızlık-adaletsizlik yapmamaya özen gösterir, devlet adamlarına da sürekli bunu telkin ederdi...

Şu inceliğe bakar mısın lütfen?

Hüsrev Paşa, o tarihte Mısır Beylerbeyi'dir. Mısır Eyaleti'nin vergilerini toplayıp İstanbul'a gönderir. O yıl gelen verginin geçen yıllardan daha fazla olduğunu gören padişah, Mısır'a hemen müfettişler gönderir:

"Bakın ki, bu paralar ahaliye baskı yapılarak mı toplanmıştır?"

Müfettişler Mısır'a gidip aylarca araştırır, soruştururlar; nihayet vergi artışının zorlamayla değil, yeni sulama kanallarının açılması sonucu sulanan arazinin fazla ürün vermesiyle sağlandığına kani olurlar ve kanaatlerini padişaha arz ederler.

Buna rağmen Kanuni, Mısır'dan gelen vergi fazlasını yol, liman, sulama kanalı inşaatlarında kullanılmak üzere Mısır'a iade eder. Hassas yüreği buna rağmen tatmin olmamış olacak ki, Hüsrev Paşa'yı Mısır Beylerbeyliği görevinden alır, yerine Hadîm (hizmetkâr anlamında) Süleyman Paşa'yı tayin eder.

Bu olayda da görüldüğü gibi, Kanuni Sultan Süleyman, milletini devletine ezdirmeyen bir hükümdardı. Padişahların bile keyfi hareket edememesi için, meşhur "Kanunnâme"sinde, ilk kez "görev-yetki" tanımlaması yapmıştı. Ve koyduğu kurallara öncelikle de kendisi uymuştu.

Şu olay bunun delili:

Muhteşem Süleyman, ihtişamın zirvesinde bulunduğu günlerde Kâğıthane civarında ava çıkar. Dolaşırken, Bizans döneminden kalma su yollarına tesadüf eder. Bunların onarılarak kullanılabileceğini düşünür.

Bu işlerde son derece deneyimli Nikola isimli Rum bir mühendis bulur. Düşüncesini açar ve eski su yollarını tamir etmesini ister.

Nikola amele ve ustalar tutup bölgede çalışmaya koyulur. Bunu duyan Veziriazam (Başbakan) Rüstem Paşa'nın tepesi atar. Padişahın kendi görev alanına tecavüz ettiğini düşünür ve Nikola'yı nezarete attırır.

Bir süre sonra padişah, çalışmaların ne durumda olduğunu görmeye gider. Ne görsün? Kazma dahi vurulmamıştır...

Talimatının Rum mühendis Nikola tarafından göz ardı edildiğini düşünüp soruşturma açtırır. Anlaşılır ki, Nikola hapistedir.

Kanuni Sultan Süleyman, Veziriazam Rüstem Paşa'yı çağırtıp sorar:

"Su yolcu zimmînin hapsine bais nedur?" (Su yolları yapan gayrimüslimi neden hapsettin?)

Rüstem Paşa'nın, dünya hukuk tarihine geçmeye lâyık cevabını bugünkü dile çevirelim:

"Hünkârım! Benim haberim olmadan sen böyle işlere kalkışamazsın ve devletin başına keyfî kararlarınla masraf kapıları açamazsın. Bu işi hükümet araştırır ve eğer icap ederse suyu hükümet getirir. Seninle temasına mani olmak için mühendisi nezarete ben attırdım."

Bu cevap, demokrasilerin temelini teşkil eden "kuvvetler ayrılığı prensibi"nin Osmanlı Devleti'ne, daha ortada demokrasinin "d"si yokken, hâkim olduğunu gösteren bir anlayışı simgeliyor.

Bu ağır cevap karşısında Muhteşem Süleyman ne yaptı dersiniz?

Okul kitaplarında sık sık anlatıldığı gibi, "mutlak irade"siyle yerinden fırlayıp, "Padişah hükmüne karşı gelmenin cezası ölümdür; tiz sadrazamın boynu vurula!" mı dedi?

Hayır...

"Seni azlittüm! Bütün emvalini (malını-mülkünü) hazineye irad kaydittüm. Var Allah'tan bul!" diyerek sürgüne mi gönderdi?

Yine hayır...

Sadece boynunu büktü, veziriazamına hak verdi, salâhiyetini aştığını kabul edip âdeta özür diledi: "Benim vezirim, münasip olanı yapasun!"

Bugün için bile bu tablo bir hasret tablodur! Türkiye, maalesef, "kuvvetler ayrılığı prensibi"ni hâlâ oturtamamıştır.

OSMANLI DEMOKRASİSİ

"ÖZGÜRLÜK" VE "TENKİT HAKKI", sağlam zeminde yürüyen devletlerin sigortasıdır.

Bir devletin gücünü anlamak isteyen, halkına verdiği hak ve hürriyetlere bakmalı. Bunlar ne kadar genişse devlet o kadar güçlü, kendinden o kadar emindir.

Geleceğe de o nispette donanımlı yürüyecek, halkıyla el ele büyük işler yapacaktır.

Dünya bunu anlamak için büyük bedeller ödedi. En baskıcısından, en yumuşağına kadar pek çok rejim kurdu, denedi, birikim kazandı.

Sonuçta insan hak ve özgürlüklerini eksen alan bir rejimde karar kıldı: Buna da "demokrasi" adını verdi.

Siz başka bir isim verebilirsiniz...

Burada önemli olan isim değil, halkın "huzur hakkı" ile özgürlüğüdür. Bunun hangi isim altında sağlandığı çok da önemli değil.

Bu sebeple "Demokrasi gâvur icadıdır" anlamına gelen ve benim demokratik taleplerimi böyle bir anlayış içinde reddedenlere kendi tarihlerini örnek göstermek isterim.

Osmanlı'da, kim olursa olsun, neye inanırsa inansın, nasıl giyinirse giyinsin insanlar hürdür. (İnsan hürdür, ama abdullahtır.)

Osmanlı'da "hak kuvvette" (günümüzün kuvvetliysen haklısın anlayışı) değil, "kuvvet hakta"dır (haklıysan kuvvetlisin anlayışı)...

Bugünün adıyla "demokratik uygulama"lara Osmanlı'dan birkaç örnek vereyim...

Örneklerin ilki Yıldırım Bayezid... (Peşin hükümleri bertaraf etmek için de hemen belirteyim ki, bu hikâye, Osmanzade Taib'in Hadikatü's-Selâtin isimli eserinde anlatılıyor. Yani birinci sınıf bir kaynaktan aktarıyorum.)

Şimdi kısa bir süre için 1300'lü yıllara gidiyoruz...

Başkent Bursa... Osmanlı tahtında genç padişah Yıldırım Bayezid oturuyor.

Emir Sultan merhum, tekmil Osmanlı Devleti'nin "Müftii'l-Enam"ı, yani Yüksek Mahkeme Başkanı...

Bir davada padişahın mahkemeye gelip şahitlik etmesi gerekiyor.

Padişah geliyor. Şahitlik edeceğini söylüyor. Fakat Emir Sultan merhum, şu gerekçeyle Yıldırım Bayezid'in şahitliğini reddediyor. İmparatorluk Türkçesiyle diyor ki:

"Terk-i cemaat eyledüğün şuyu' bulmağılen, şahadetün caiz değildür."

İmparatorluk Türkçesini cumhuriyet Türkçesine çevirelim:

"Namazlarını cemaatle kılmadığın söylendiğinden (aksini ispatlayana kadar) şahitliğini kabul etmiyorum."

Ne yapmış padişah? Gelin onu da aynı kaynaktan okuyalım:

"Hünkâr, saray-ı hümayunları pişgahında bir cami-i şerif bina idüb evkaat-ı hamsede cemaate müdavemet buyurdular."

Yani, Yıldırım Padişah, sarayının bahçesinde bir cami yaptırmış (bugünkü Yıldırım Bayezid Camii) ve beş vakit namazını bu camide cemaatle kılmaya başlamış.

Özetle demek istediğim şudur: Artık kendi geçmişimizle barışmamız, tarihimize ilim, insaf ve vicdan ölçüsünde yaklaşmamız, geçmişi kötüleyerek günü kurtarma hatasından kurtulmamız lâzım.

Çünkü bu temel bir hatadır. Ve bu temel hata, ister istemez bizi başka hatalara sürüklemektedir.

Unutmayalım ki, hatalı temeller üstünde abide inşa edemezsiniz. Etseniz etseniz gecekondu inşa edersiniz ki, o da ilk depremde yerle bir olur.

Sanıyorum, hâlâ dirilemeyişimizde, tarihe hatalı bakışımızın büyük rolü var.

•••

Cumhuriyet'in 10. yılı münasebetiyle Maarif Vekaleti (Milli Eğitim Bakanlığı) tarafından Burhan Asaf ve Vedat Nedim Tör'e hazırlatılmış bir kitap var. Adı şöyle: "Osmanlı İmparatorluğu'ndan Türkiye Cumhuriyeti'ne: Nasıldı, Nasıl Oldu?"

Yani, Cumhuriyet'ten önce nasıldık, Cumhuriyet'ten sonra nasıl olduk?

Kitap, İstanbul Devlet Matbaası'nda, 1933'te basılmış. Yani bu bir devlet yayını...

İkinci sayfasını açıyorum.

Bu sayfada Sultan II. Abdülhamid'le, Sultan Mehmed Vahidüddin'in fotoğrafları yer alıyor. Sultan Abdülhamid'in fotoğrafının alt yazısı şöyle:

"Uyanık gençliği boğan, zindanlarda çürüten Yıldız Baykuşu Kızıl Sultan Abdülhamit."

Sultan Vahidüddin'in fotoğrafının altındaki yazı ise şöyle:

"Tahtını kurtarmak için memleketini satan Sevr simsarı, vatan haini Vahdettin."

Oysa bugün, gerçek tarihçi, Sultan Abdülhamid'in mazeretlerini biliyor. Sultan Mehmed Vahidüddin'i ise, Anadolu'nun kurtuluşu için şahsî servetini Mustafa Kemal Paşa'ya verecek kadar büyük bir fedakâr, çaresizliğine rağmen, Sevr'i imzalamayı reddedecek kadar da büyük bir vatansever olarak kaydediyor. (Ancak tümüyle çareler tükendiğinde imzalıyor.)

Bahis konusu kitabın aynı sayfasında bir de hüküm yer alıyor, deniyor ki:

"Sultanlar, sarayların dört duvarı içinde soysuzlaşmış zulüm ve sefahat mirasyedileridir."

Sultanlar arasında hiçbir ayırım yapılmadığına, bazıları hüküm dışı tutulmadığına göre, Yıldırım Bayezid'i, Murad Hüdavendigar'ı, Fatih Sultan Mehmed'i, Yavuz Selim'i, Kanuni Süleyman'ıyla, bütün Osmanlı padişahları, bu ilimsiz, insafsız ve vicdansız hükmün içine giriyor demektir.

Evet, hüküm ilimsiz, insafsız ve vicdansızdır. Zira sarayın dört duvarı arasında ömür tüketen mirasyediler, nasıl olmuş da Niğbolu'da, Mohaç'ta, Varna'da zafer üstüne zafer kazanabilmişler?

Nasıl olmuş da, alınamaz denilen Konstantiniyye'yi (İstanbul) alabilmişler?

Nasıl olmuş da Sina Çölü'nü aşıp Mısır'ı fethedebilmişler, Ordu-yu Hümayunu tâ Viyana kapılarına götürebilmişler?

Kitap demeye sıkıldığım bu hezeyannamenin diğer sayfaları da benzer iftiralarla dolu bulunuyor. Yine hiçbir ayırım yapılmadan, bütün padişahların astığı astık, kestiği kestik olduğunu, canları istedikçe insanların boyunlarını vurdurduklarını yazıyor.

Onlar için "Kana susamış diktatörler" tabiri kullanılıyor.

Ayrıntıya girmeden, sözü de fazla uzatmadan şunu sormak istiyorum: Siyasî cinayetler bahsinde ülkelerin bugünleri pir u pak mıdır?

Padişahların diktatörlüklerine gelince... Tarihî kişiler ve devletler, yaşadıkları devirle değerlendirilir. Tarihe bugünün ölçüleri ve değerleriyle bakmak hem yanlıştır, hem tarih ilmine aykırıdır. Olsa olsa siyasî bir bakış olur bu; yanılma ve yanıltmaya dönük siyasî bir bakış...

Yazık ki Türkiye'yi yönetenler tarihe siyasî perspektiften bakmış, tabiatıyla da hem yanılmış, hem de yanıltmışlar. Ders kitapları zamanla ayıklanmıştır, ama bütünüyle bilimsel temele oturtulamamıştır. Hâlâ padişahların hiçbir kayıt altına alınmamış astığı astık, kestiği kestik diktatörler olduğu işlenmektedir.

Bunun böyle olmadığına, en azından devirden devire, padişahtan padişaha değiştiğine örnek teşkil eden yüzlerce olay vardır.

"ADALET MÜLKÜN TEMELİDİR"

"ADALET MÜLKÜN TEMELİDİR." O bozulursa her şey bozulur...

Osmanlı bunu çok iyi biliyordu. Bildiği için de, adalet dağıtma konusunda, kılı kırk yarıyordu.

Şimdi gelin şu "dine saygı" örneğine bakın:

Sırp Kralı Brankoviç ve halkı, Ortodoks oldukları için, Katolik Macar Kralı Hünyad'ın tehdidi altındadırlar. Hünyad, Sırbistan'ı işgal edip tüm Ortodoks kiliselerini yıkacağını, yerlerine Katolik kiliseleri inşa edeceğini herkese söyler:

"Ortodoks kiliselerini yıkacağım. Katolik mezhebinin kiliselerini inşa edeceğim. Ortodokslar nazarımızda kâfirdirler, kâfirlere hayat hakkı yoktur."

Sırplar korku içinde Osmanlı Padişahı Fatih Sultan Mehmed'e sığınırlar:

"Lütfen bizi koruyunuz! Hünyad'dan önce ülkemizi feth ederek bizi Hünyad belasından kurtarınız. Ama bir istirhamımız var: Kiliselerimizi yıkmayınız."

Fatih, "Asla" der, "Sırbistan'ı fethederek camiler kuracağız, amma Sırpların serbestçe dinî vecibelerini yerine getirmelerine de hassasiyet göstereceğiz. Kiliselere dokunmayacağız."

(Bu olay "Evliya Çelebi Seyahatnamesi"nin Millet Kütüphanesindeki Emiri Koleksiyonunda bulunan yazma nüshanın 1. cildinin 36. sayfasında detaylı biçimde, ayrıca Abdurrahman Adil'in "Hâdisat-ı Hukukiyye" isimli eserinin 1923'te yayınlanan 12. cüzünün 185-186. sayfalarında özet olarak mevcuttur.)

Bugün bile ulaşılamayan bu "inanç hürriyeti" anlayışı, bir yandan Müslümanların farkını ortaya koyarken, öte yandan, farklı kıyafetleri dahi hazmedemeyenlere verilmiş bir ibret dersinin çağları aşan numunesidir.

Öyle bir adalet anlayışı inşa edeceksiniz ki, insanlar, neye inanırlarsa inansınlar eşit şekilde ondan faydalanabilecekler.

Böyle bir örnek bugün ülkemizde var mı?

•••

Vaazların izlenip vaizlerin kimi devlet ajanları tarafından kelime kelime dinleneceklerini bir gazetede okuyunca, hafızam bundan yüzyıllar öncesine gitti.

Devir, Kanuni Sultan Süleyman devri... Yer, İstanbul/Ayasofya Camii... Vakit, cuma namazı vakti...

Koca cami hınca hınç dolu, vaiz kürsüde... Sesi zaman zaman sertleşip yükseliyor:

"Bre, ne günlere kaldık," diye yakınıyor, "kos koca Osmanlı Devleti'nin hac farizamızı emniyetle yapmamıza imkân verecek tedbirler alamaz vaziyete düşmesi ne hicrandır."

Terini siliyor:

"Gemilerle hacca giden Müslümanlar Malta keferesi (Malta şövalyeleri) tarafından cebren durdurulmakta ve soyulmaktadır. İllâ velâkin padişah efendimizin umurunda değil. Koskoca Osmanlı, ömrü uzun olası padişahımızın devr-i saltanatında acze düşmüş de iki buçuk çapaçulun hakkından gelemez mi olmuş?"

Sözün burasında yumruğunu kürsüye vuruyor:

"Acil tedbir alınmaz ise Muhammed ümmetinin bedduası billahi yağmur gibi üzerimize yağacak; bizi de, padişahı da helâk edecektir."

Sessizlik... Sonra uğultu:

"Haklı söyler, tedbir alına!"

Hoca çok sert konuşmaktadır... Cemaat iştirak etmektedir... O günün dünyasında böyle ifadeler kullanmak aklın alacağı şey değildir...

O günün Avrupa'sında bunun binde birini söylemeye kalkışanlar aslanlara yedirilmektedir.

Ama Osmanlı Devleti başkadır. Osmanlı Devleti, yönettiği insanlara değer veren, onlara söz hakkı, özellikle de "tenkit hakkı" tanıyan bir devlettir.

Bu yüzden ne padişah, ne de başka bir yönetici bunu "isyana teşvik" saymamış, kimse töhmet altına girmemiştir.

Hoca ve cemaate hiçbir yasal işlem yapılmamıştır.

Fakat Malta kuşatılmak suretiyle gereken hemen yapılmış, Müslümanların deniz yoluyla rahat rahat ve huzur içinde hacca gidip gelmeleri sağlanmıştır.

Böyle bir örneğe bugün ülkemizde rastlanabilir mi?

Günümüzde herhangi bir cami kürsüsünden hükümet politikalarını gayet sert bir üslupla eleştiren vaizlerin hâli acaba ne olur?

OSMANLI'DA SİVİL OTORİTEYİ TESİS ÖRNEĞİ

SULTAN GENÇ OSMAN'I alçakça bir komplo ile katleden yeniçeri ağaları (yeniçeri generalleri) ile onların kışkırttığı kimi subaylar, Topal Recep Paşa'yı sadrazam (başbakan) olarak saraya dayatmışlar, on bir yaşlarında tahta çıkan Sultan IV. Murad'ın (1612-1640) direnişini kırıp zorla sadrazam ilan ettirmişlerdi.

Sadrazam Topal Recep Paşa, devleti yeniçeri ağalarının öngördükleri istikamette yönetiyor, yönetmiyor yağmalatıyor, bununla da yetinmeyerek "kraldan ziyade kralcı" atılımlarla onların hoşuna gideceğini umduğu şeyler yapıyordu.

Sorumlu olmayanların yetkili ve etkili olması sonucu devlet zaafa düşmüş, vurgun ve irtişa (rüşvet) yayılmış, ordu siyasete battığı için bozulup güçsüzleşmiş, devlet makamları alınır satılır hâle gelmiş, sonuç olarak emanet, ehlinin elinden çıkıp acemi muhterislerin eline geçmişti.

Özellikle başkentte müthiş bir baskı ve resmî terör hüküm sürüyordu. Yeniçeri önderleri, barışta "savaş hali"ni bahane ederek halkın elindeki dokuma tezgâhlarına "ordu adına" el koymuş, dokudukları kumaşların tüketimi için de esnafa, zanaatkâra, mollaya, ulemaya ve gayrimüslimlere belirli kıyafetleri giyme zorunluluğu getirmişlerdi.

Ordu artık el altından değil, resmen ticaret yapıyor, yeniçeri ağaları da bundan pay alıyordu.

İstanbul kürsü vaizleri bile istediklerini söyleyemez, "Kur'an Devleti"nde Kur'an ahkamından söz edemez olmuşlardı. Yeniçeri ocağını ve ocağı yöneten ağaları (yeniçeri generalleri) eleştirmek ölümcül suçtu. En masum eleştiriler bile "hakaret" sayılıyor, At Meydanı'nda (şimdiki Sultan Ahmet Meydanı) ve Et Meydanı'nda (şimdiki Aksaray Meydanı) her gün insanlar sallandırılıyordu.

Dahası, yeniçeri çorbacıları (yeniçeri subayları) bayram olsun olmasın meydanlarda salıncaklar kurup, vezirleri ve yüksek rütbeli memurları, bilmem kaç akçe karşılığında zorla salıncağa bindiriyorlardı.

Salıncağa binmeye utandıkları için aynı miktar ücreti salıncağa binmeden ödemeyi teklif edenlere, hiç sıkılmadan bıyık buruyor, "Biz eşkıya değiliz ki ahaliyi zorlayalım, biz sadece emeğimizin karşılığını alırız" diyorlar, bu kez döverek, söverek salıncağa bindiriyorlar, parasını ancak ondan sonra, hem de misliyle alıyorlardı.

Bu yöntemle iki misli ücret almalarının sebebi, adamı döverken zahmete girmeleriydi!

Sultan Murad durumu görüyor, annesine dert yanıyor, fakat başından beri yeniçeri ağalarının işbirlikçisi durumunda bulunan Mahpeyker Kösem Sultan, "Devlet çarkının dönüşüne şeytanın dahi aklı ermemişken, senin sıbyan (çocuk) aklın erer mi aslanım? Bu işlere kafa yorma, bırak devlet umuruyla sadrazamın yorulsun" diye geçiştiriyordu. Ama işler git gide rayından çıkıyordu. Topal Recep Paşa ile askerî paşalar el birliği içinde devleti hırpalıyorlardı.

Sonuçta hiçbir kurum orduyu denetleyemez olmuştu. Her şey yeniçeri ağalarının keyfine göre şekilleniyordu.

Tarihçi Naima'nın yazdığına göre hayatın çivisi çıkmıştı. Otorite yokluğunda iyice serkeşleşen kimi askerler camilerin içinde nargile guruldatıyor, kendi deyişiyle ibadet saatinde "duhan" (yani tütün) tüttürüyorlardı.

Fakat padişah da yavaş yavaş büyüyordu...

Sık sık kılık değiştirerek İstanbul'u gezmeye çıkıyor, esnafla yüz yüze görüşüp taraftar topluyordu. Halk arkasındaydı, ama devlette dayanağı yoktu.

Gidişattan memnun olmayan bazı yeniçeri önderlerini de arkasına aldığı gün, annesini Eski Saray'a (Bayezid'de İstanbul Üniversitesi'nin bulunduğu yer) "istirahata" gönderdi.

Sıra, "her türlü melanetin başı" saydığı Topal Recep Paşa'ya gelmişti. Tüm tedbirleri aldıktan sonra saraya çağırdı ve huzura girer girmez bir şeyler sezinleyerek geri kaçmaya çalışan paşaya "Beri gel bre topal zorba başı!" diye gürledi.

Eski tarihçilerin deyişiyle "Topal'ın kârını itmam eyledikten" sonra yeniçeri önderlerini toplayıp Kur'an üzerine tek tek "itaat yemini" ettirdi. Ama padişah bütün bu temel değişiklikleri yaparken İstanbul halkı eline geçirdiği tüm silahlarla sarayı kuşatmış, tekbir alarak padişaha destek vermişlerdi.

Demek ki bazen siyaset yetmeyebiliyor, işte o zaman siyasetin arkasında durmak gerekiyor. Siyaset kararlı, halk ise tutarlı olmalı.

Padişah daha sonra yapıldığı gibi, Yeniçeri Ocağı'nı topa tutmadı. Yeniden eğitti ve aynı orduyla Bağdat'ı fethetti.

Şimdi size bir soru: Düşünün bakalım, silahlarına dayanıp bir dönem saltanat süren yeniçeri ağalarının isimlerini hatırlayabilecek misiniz?

Eminim hatırlamıyorsunuzdur. Ama askerlerin hukuk dışı saltanatına son verip sivil otoriteyi yeniden tesis eden Sultan IV. Murad'ı hepimiz çok iyi hatırlıyoruz.

İŞÇİ HAKLARI, GREVLER VE OSMANLI ÖRNEĞİ

"ALİNTERİ KURUMADAN işçinin hakkının verilmesi"ni savunan bir dinin bayraktarı olarak, Osmanlılarda işçi haklarının durumu nasıldı?

Dünyada ilk "toplu sözleşme"nin Kütahya'da imzalandığını, bu sözleşme ile çini işçilerinin haklarının teminat altına alındığını biliyorum.

Kesin olarak şunu da söyleyebilirim ki: Toplu sözleşme ve grev hakkı, sanıldığı gibi bize Avrupa'dan geçmiş değildir. Birçok padişahın fermanlarından anlaşıldığına göre, işçiler tarih boyunca ücretlerinin artırılması isteğiyle zaman zaman "grev" yapmışlar ve taleplerine çoğunlukla ulaşmışlardır.

21 Haziran 1587'de Sultan III. Murad'ın, Mimar Sinan'a hitaben yazdığı fermanda, işçi gündeliklerinin on

iki akçeden on altı akçeye çıkarıldığı yazıldığı hâlde, işçinin bundan memnun olmadığı şöyle anlatılıyor:

"...Mehmed Paşa, bina eylediği camide, işleyenlere (işçiler ve ustalar) ferman-ı şerifim üzerine yövmiye (gündelik) on altışar akçe ücretlerin verirken, ziyade talep idüp (daha fazlasını isteyip) 'virmezsenüz işlemezüz' (ücretimiz artırılmazsa işi bırakırız anlamında) deyu taallül ve niza (gürültü) iderler imiş (böyle bir bahane ile gürültü çıkarırlarmış). Gereği gibi tembih eyleyesün kim, ferman-ı şerifim üzre on altışar akçe ücretlerin aldıktan sonra taâllül ve niza etmeyeler..."

O devrin on altı gümüş akçesi, bugünün (2006 yılı değerleriyle) yaklaşık yüz milyon lirasına eşittir. Demek ki, o devirde bir işçinin maaşı üç milyar lira civarındaydı ve bu parayı beğenmeyip greve gidiyorlardı.

Şimdi Sultan I. Ahmed devrine bakalım...

Edirne'de inşa edilen handa çalışan işçilerin gündelikleri artırılmış (ustalar için 24 akçe, amelelere 20 akçe ve çıraklara 18 akçe yevmiye verilmeye başlanmış), fakat çalışanlar yeni ücretleri de beğenmeyerek işi bırakmışlar, herhangi bir şekilde zorlanmaktan çekinmeleri sebebiyle de Edirne civarında bulunan Enez kasabasına gitmişler. Bunun üzerine padişah, Edirne Kadısı'na 06 Haziran 1609 tarihli bir ferman göndermiş.

"Han-ı mebzur bina olunmayub muattal kalmışdur (Han inşaatı yarım kalmıştır)" diye yakınan padişah, ustalarla işçilerin derhal getirtilmesini, ücretlerin yeterli olduğunun anlatılmasını, şayet "bina emini" ve "bina kâtibi" tarafından ücretlerde keyfi kısıntılar yapılmışsa, bunun mutlak surette engellenmesini emrediyor.

Sonuç: Pek çok insanî ve vicdanî hak gibi, işçi haklarının da başlangıç noktası bu topraklardır.

Öyle olmak zorunda... Çünkü Osmanlı'nın hayat nizamı "insan merkezli"ydi. Kur'anî bir bakışla hayata bakar, Kur'anî baktığı için de her insanda (inancı, kıyafeti, düşüncesi, milliyeti ve toplumsal konumu ne olursa olsun) "eşref-i mahlukat"ı (yaratılmışların en yücesini) görürdü. İşte bu yüzden hem insandan insana, hem de devletten insana değer verir, insanın huzurla yaşamasını hedef alırdı.

Osmanlı Devleti bu yüzden "önder"di, bu yüzden "örnek"ti, bu yüzden "büyük" ve "başarılı"ydı...

Şimdinin sözde "modern" yöneticileri ise insanı incitmek için her şeyi yapıyor.

Geçmişimiz "insan merkezli" olduğu hâlde, ideolojik saplantılarımız yüzünden, aynı "insan merkezli" yapıda bir gelecek oluşturamıyoruz.

Sonuçta "önder" olamıyoruz, "örnek" olamıyoruz, "büyük" ve "başarılı" olamıyoruz.

Biliyorsunuz, günümüzde haklı olan değil de güçlü olan davayı kazanıyor, maalesef. Adliye hikâyeleri bunun örnekleriyle dopdolu. Haklı olan güçlü olacağına, güçlü olan haklı sayılıyor. Tabii düzenin çivisi git gide çıkıyor.

Oysa bu topraklarda, bize "diktatör" olarak tanıtılan padişahlar döneminde, haklı olan güçlüydü. Mahkeme karşısında padişahla sıradan "vatandaş"ın hiçbir farkı yoktu.

"Hisse" alınması dileğiyle, Fatih'le ilgili bir "kıssa"yı aktarmak istiyorum:

Rivayet olunur ki, Fatih Sultan Mehmed, adını taşıyan camiin inşaatında kullanılacak mermer sütunları kestiren Rum mimarlardan İpsilanti Efendi'ye kızıp elini kestirir.

Bunun üzerine İpsilanti Efendi, ilk İstanbul Kadısı Sarı Hızır Çelebi'ye başvurur. Haksızlığa uğradığını belirtip, hakkının padişahtan alınmasını ister.

Kadı, padişahı çağırtır. Padişah girdiğinde İpsilanti Efendi davacı makamında ayakta durmaktadır. Padişah "maznun" minderine bağdaş kurmak üzereyken, Kadı Efendi kükrer:

"Begüm, hasmınla mürafaa-i şer' olunacaksın (beyim, davacı ile yüzleştirileceksin), ayağa kalk!"

Padişah kalkar. Kendisini savunması istenince hata ettiğini belirtir. Kadı Efendi "kısasa kısas" hükmünü verir. Hüküm gereğince Padişahın da eli kesilecektir.

Dinleyenler dehşetten ve hayretten donakalmışlardır. Padişah boyun bükmüş, hükme rıza göstermiştir. Durum o kadar alışılmışın dışındadır ki, İpsilanti Efendi'nin eli, ayağı titremeye başlamıştır. Aklı başına gelir gibi olunca kendisini padişahın ayaklarına atar:

"Davamdan vazgeçtim. İslâm adaletinin büyüklüğü karşısında küçüldüm. Böyle bir cihangirin elini kestirip kıyamete kadar lânetlenmeyi göze alamam."

Fatih'in eli kesilmekten kurtulur. Ama tazminat ödemeye mahkûm olur. Kestirdiği elin diyetini şahsî gelirinden öder. Ayrıca bir de ev verir.

Mahkeme sona erip herkes çıktıktan sonra, padişah, kadıya döner:

"Bak a Hızır Çelebi, bu padişahtır deyu iltimas eyleseydin, şer'-i şerife mugayir hüküm verseydin şu kılıçla başını koparırdım."

Kadı Hızır Çelebi minderini kaldırır, minderin altında duran demir topuzu padişaha gösterir:

"Siz de padişahlığınıza mağruren hükmü tanımasaydınız billahi bu topuzla başınızı ezerdim."

Veyl! "Siz emreyleyin efendim, biz kitabına uydururuz" diyen ve bin türlü zulme "kanun" ve "hukuk" libası giydiren sözde hukukçulara, veyl!

NE İDİK, NE OLDUK, NEREDEN NEREYE GELDİK?

DEVLET HAYATIMIZI, eski çağlarda olduğu gibi, "Taş Devri", "Maden Devri" diye ayrıştırsaydık, Osmanlı asırlarına "Yapma Devri", şimdiki zamana ise "Yakınma Devri" derdim...

Yapamadıkça yanıyor, yandıkça da yakınıyoruz! İmkânsızlıklardan, şanssızlıklardan, talihsizliklerden yakına yakına, şikayet ede ede yaşıyoruz...

O kadar ki, şarkılarımız, türkülerimiz bile çok acıklı hâle geldi: Talih "kem", beht "kara", şans yok; öyle ki, "taşa bassak iz" oluyor!

Öte yandan tarihimiz "imkânsızlıklardan imkân" çıkaranların öyküleriyle dolu. Hele biri var ki, tam bir ibret levhası...

Kanije Zaferi'nden söz ediyorum.

Ve bu zaferin yıldız ismi Tiryaki Hasan Paşa'dır (1530-1611).

Önce tanışmamız gerekiyor...

1530 doğumludur. Enderun'da yetiştirildikten sonra, Sultan III. Murad'ın şehzadeliği döneminde Manisa'ya gönderilmiş, şehzadenin baş musahipliğini yaptı.

Sultan III. Murad, Osmanlı tahtına çıkınca onu önce Rikabdarlığa, ardından İzvornik Sancakbeyliğine terfi ettirdi. Tiryaki Hasan, bu görevde iken Mekemorya, Kanar ve Meçud kalelerini fethetti.

Başarıları göz kamaştırıyordu...

Hızla yükseldi: 1583'te Göle, 1587'de Pojega Sancakbeyi oldu. Kısa bir süre sonra da "beylerbeyi" rütbesine yükseltilip Zigetvar'a gönderildi. 1594'te Bosna, 1600 yılında da Kanije Beylerbeyi olarak görev yaptı.

Kanije Kalesi, Tiryaki, bu görevinde iken kuşatıldı.

Paşa, savunma tedbirleri aldı. Bu tedbirler sayesinde savunmasını zafere dönüştürüp destanlaştırırken, tam 71 yaşındaydı. (Yaş yetmiş, iş bitmiş diyenlere inat...)

Olay kısaca şu:

1601 yılının Ağustos sonlarında Avusturya Arşidükü Ferdinand, Almanlar başta olmak üzere İtalyanlar, İspanyollar, Fransızlar, Macarlar ve Papalık gönüllülerinden oluşan 50.000 kişilik büyük bir kuvvetle Kanije Kalesi'ni kuşattı. 9 Eylül gününden başlayarak, hemen her gün, 42 büyük topla kaleyi dövmeye başladılar. Öyle müthiş bir cehennemdi ki, her gün Kanije Kalesi'ne ortalama 1500 gülle düşüyordu. Buna karşılık kalede sadece 5000 mücahit vardı. Herkes her tarafa koşuyor, herkes elinden geleni yapıyor, güllelerin kale bedenlerinde açtığı gedikler, geceleri bin bir fedakârlık ve müşkilâtla onarılıyordu.

Zaman içinde kalede yiyecek-içecek ve barut azaldı. Bu yüzden az yiyor, az içiyor ve her kurşunu dikkatle atıyorlardı. Düşman bunu sezerse işleri bitikti.

Hasan Paşa dehasıyla buna da bir çare buldu. Depodaki fıçıları ağzına kadar kumla doldurttu. Kimisinin üzerine bir miktar barut, kimisinin üzerine un, fasulye gibi yiyecek maddeleri koydurttu. Esir aldığı birkaç düşman subayını depoya götürdü. Dolu fıçıları göstererek, gıda ve barut konusunda iyi durumda olduklarını söyledi. İstedikleri fıçıyı açtırıp baktırdı. Hangisine baksalar ya un, ya mercimek, ya fasulye, ya da barut çıkıyordu. Altı kum tabii... İnandılar. Onların kaçmalarına göz yumdu. Böylece kendi ordularına tekrar katılan subaylar, Kanije Kalesi'nde bol miktarda yiyecek, içecek ve barut olduğunu söylediler.

Ekim sonlarına doğru, düşman, Kanije'ye girebilmek için varını yoğunu ortaya koydu. Önce nehir üzerine köprü kurup asker geçirmeye çalıştı, ne var ki Hasan Paşa, geceleyin köprüyü yaktırdı. Kurulan ikinci köprüyü ise çengellerle içeri çektirdi, üzerindekiler nehre atlayıp boğuldular. Bunun üzerine, Avusturya Arşidük'ü Ferdinand, Hasan Paşa'nın başını getirene kırk köy vaat etti.

Hasan Paşa ve emrindeki serdengeçtiler, başarmak üzereydiler. Hazin ki, tam o sırada Belgrad düştü. Belgrad kuşatmasıyla uğraşan Arşidük Matyas da kuvvetleriyle birlikte gelip Kanije kuşatmasına katıldı. Düşman, tazelenmiş olarak yeniden hücuma kalktı. Ne var ki, bu saldırı da Hasan Paşa'nın askerî dehası sayesinde bertaraf edildi. Müttefik kuvvetler, 18.000 ölü vererek geri çekildiler.

Kanije'de yalnızca 4000 mücahit kalmıştı. Her taraf yakılmış yıkılmış olmasına rağmen mücahitlerin moralleri son derece yüksekti. Çok güvendikleri ve "Paşa Baba" dedikleri Tiryaki Hasan Paşa'nın etrafında birleşmiş, bütünleşmişlerdi.

Kış bastırdı. Buna rağmen düşman çekilmiyordu. Kanije'de ise yiyecek-içecek ve barut tamamen bitmişti. Hasan Paşa, "Ya devlet başa, ya kuzgun leşe" diyerek, 3000 kişilik kuvvetiyle kaleden çıktı. Son bir gayretle düşman üzerine atıldı. Böyle bir şeyi aklından bile geçirmeyen düşman, hazırlıksız yakalanmıştı. Dağınık bir vaziyette kaçmaya başladılar. Düşman karargâhı Osmanlıların eline geçti. (İmkânsızlıktan imkân çıkarmak budur.)

Tiryaki Hasan Paşa, düşman karargâhı tamamen temizlenip kontrol altına alındıktan sonra, Arşidük Ferdinand'ın otağına (büyük çadır) girdi. Otağın ortasında etrafı altın ve gümüş parmaklıklı, başları mücevherli, direkleri elmaslı bir taht vardı. Tahtın iki yanında sırma saçaklı on iki koltuk, hemen önünde ise en az dört metre uzunluğunda süslü bir yemek masası duruyordu.

Tiryaki Hasan Paşa, önce iki rekat "şükür namazı" kıldı. Sonra Ferdinand'ın muazzam tahtına oturdu. Komutanlarını da koltuklara buyur etti. Dikkatle yüzlerine baktı ve dedi ki:

"Onlar işte bu tantana, bu gösteriş merakı yüzünden kaybettiler. Biz kulluğumuzla kazandık."

Ayağa kalktı:

"Zafer ihsan eden Rabbimize hamd olsun," diye sürdürdü konuşmasını. "Bilin ki bu zaferi dört temel esasa riayet etmemize borçluyuz. Bu esaslardın birincisi sabırdır. Her türlü yokluk karşısında sabrettik, başarıdan asla ümit kesmedik, kazanacağımıza inanmaktan vazgeçmedik ve kazandık. Bize zafer kazandıran sebeplerden ikincisi sebattır. Kararlı davrandık, mevzilerimizi koruduk, elimizden geleni yaptık. Üçüncüsü, birlikte hareket ve kumandana itaattir. Muhasara boyunca yüreklerimizi birleştirip Peygamber Efendimizin yüreğiyle bütünledik. Birlikte hareket ettik. Dördüncüsü sevgidir. Allah'ı, Peygamber'i, hayatı ve birbirimizi çok seviyoruz. Bu şekilde yaşamaya devam edersek, Cenab-ı Allah bize daha nice zaferler ihsan edecektir."

Bu nutuktan bugün için ne sonuç çıkarırsınız, bilmiyorum. Ama üzerinde düşünülmeye değer diye düşünüyorum. Çünkü imkânsızlıklardan yakınmaktan imkân üretmeye fırsat bulamıyoruz.

Öte yandan, hezimet haberlerinden bıkmış olan Sultan III. Mehmed (1596-1603), Kanije Zaferi'ne çok sevinmişti. Tiryaki Hasan Paşa'ya vezirlik rütbesi verdi. Murassa kılıç, muhteşem şekilde donatılmış üç hilâlli sancak ve bir de Hatt-ı Hümâyun (padişah fermanı) gönderdi.

Padişah, Hatt-ı Hümâyunda, Hasan Paşa'yı kutluyor, "Berhudar olasun, sana vezâret virdum ve seninle olan asker kullarım ki, manen oğullarumdur, yüzleri ak ola. Makbûl-i Hümâyunum olmuştur. Cümlenuzu Hak Teâlâ Hazretlerune ısmarladum" diyerek övüyordu.

Hatt-ı Hümâyunu okuyan Hasan Paşa, birden hüngür hüngür ağlamaya başladı...

Yanındakiler şaşırdılar.

Öyle ya, paşa, padişah tarafından ödüllendirilmesine sevinmeliyken, acaba neden ağlıyordu?

Merakla sordular:

"Paşa baba, niçin ağlıyorsunuz?"

Yaşlı paşa, göz yaşlarını sildi:

"Bizim gençliğimizde böyle küçük hizmetlere vezirlik verilmez, padişah mektubu yazılmazdı," dedi, "Kanije Müdafaası gibi küçük hizmetlere de vezirlik verilmeye, Hatt-ı Hümâyunlar yazılmaya başlanması, kaht-ı rical (adam kıtlığı) alâmetidir. Osmanlı bu derde acil deva aramazsa, kasıp kavrulur..."

Yanındakilere melûl mahzun baktıktan sonra sözlerini şöyle bitirdi:

"Biz nerede idik, nereye geldik diye ağlıyorum."

Sahi: Nerede idik, nereye geldik?

•••

Hasan Paşa, Kanije Zaferi'nden sonra, 1602'de Budin, 1603'te Rumeli Beylerbeyliği'ne tayin edildi. Celâli İsyanları'nın bastırılmasında önemli görevler üstlendi. 1608 yılında tekrar Budin Beylerbeyliği'ne tayin edilen Hasan Paşa, bu görevinde iken vefât etti.

Kahramanlığı, zekâsı, askerî dehası, devletine bağlılığı ve görev şuuruyla tanınmıştı. İlme büyük değer verir, âlimleri sever ve himaye ederdi.

YÜREKLER TUTUŞMADAN DENİZLER TUTUŞMAZ

BAZEN BUNALIRSINIZ. Çözümsüz problemlere yüreğiniz dolaşır, hiç kurtulamayacağınızı, çözümsüzlükte yitip gideceğinizi düşünür, karamsarlığa düşersiniz...

Biliniz ki, umutsuzluk insana yaraşan bir şey değildir.

Müslüman ise, asla umutsuzluğa düşmeyen insandır.

Çünkü, musibetlerden bile saadet çıkacağını her Müslüman bilir; bilmek zorundadır.

Hz. Yusuf'u kuyuya attıklarında, onun için her şeyin bittiğini düşünenler, bir süre Mısır'ın en önemli kişisi olarak ortaya çıktığını görünce kim bilir nasıl şaşırmışlardı!

Hz. İbrahim'in, günler sonra gülümseyerek ateşten çıktığı Nemrud'a söylendiğinde, kim bilir nasıl saçını başını yolmuş, duyduklarına inanmak istememişti!

Görelim Mevlâ n'eyler
N'eylerse güzel eyler.

İslâm dünyasının bugünkü hâline bakıp dövünmeyin! Dün Hıristiyanlık âlemi İslâm dünyası karşısındaki geriliği sebebiyle dövünüyordu.

Gün doğmadan neler doğar. Elinizden geleni yapın ve rahmetin tecellisini bekleyin.

•••

İstanbul'un Topkapı semtinde, sur dışında, eski Edirne yolu üzerinde, 1591'de (Sultan III. Murad zamanı) yapıldığı sanılan bir cami var: Arakiyeci İbrahim Ağa Camii... (Takkeci Camii yahut İbrahim Çavuş Camii olarak da bilinir.)

Camiyi yaptıran Arakiyeci (keçeden takke yapan) İbrahim Ağa, eski İstanbul'un Topkapı'sında yaşayan bir garibandı. Kendisi ne kadar fakirse, gönlü o kadar zengindi. Ördüğü takkeleri, serpuşları çarşı pazar dolaşarak satar, karısıyla birlikte zar-zor geçinirdi. Zar-zor geçinirdi ya, yine de ebedî bir emeli, bir büyük hedefi vardı: Surların kıyısına bir cami yaptırmak istiyordu...

Hep bunu konuşuyor, bunun hayalini kuruyordu. Hangi parayla cami yaptıracağını soran ve büyük emelini alaya alan tanıdıklarına ise, şu cevabı veriyordu:

"İhtimaldir padişahım, belki derya (deniz) tutuşa!" (Denizin yanması bile ihtimal dahilindedir.)

"Deniz tutuşur mu be, sen bu kafayla daha çok sürünürsün!"

Takkeci garibi çevresine aldırmıyor, çok çalışıyor, üçü beşe katıp biriktiriyor, umutsuzluğa düştüğü zamanlarda ise, "Nemrud ateşini gülistana çeviren Allah, isterse deryaları da tutuşturur" diye söyleniyordu. (Tabii bu gerçeği idrak için, insanda, Takkeci İbrahim sabrı lâzım.)

Bir kandil gecesi, bağlı bulunduğu tarikatın şeyhi, rüyasına girdi ve hemen Bağdat'a gitmesini emretti: "Derhal Bağdat'a git gel."

Sebebini düşünmek, akıl ve mantıkla bağlantısını bulmaya çalışmak, gönül erlerinin derdi değildir. Onlar ihlâs ile buyruğa koşarlar.

Takkeci İbrahim Ağa da öyle yaptı. Hemen o gün Bağdat yoluna düştü. Bin türlü zahmetten sonra şehre girdi. Yorgundu, bitkindi, ama ümit doluydu. Hanın avlusundaki tahta peykeye kıvrıldı. Gözlerini kapatmak üzereyken, yaşlı hancı dikildi başına:

"Hayrola yolcu, nereden gelip nereye gidersin?"

"Darülhilâfe'den" diye cevap verdi Arakiyeci, "Âsitâne'den, Dersaâdet'ten (İstanbul'un isimleri) geliyorum."

"Hayırdır inşaallah, geliş sebebin nedir?"

Önceleri söylemek istemedi, ama hancı o kadar ısrar etti ki, rüyasını anlatmak zorunda kaldı.

Rüya üzerine İstanbul'dan kalkıp Bağdat'a geldiğini duyan yaşlı hancı kahkahayı bastı:

"Hay akılsız! Hiç rüyaya ümit bağlanıp bunca zahmete girilir, bunca masarif yapılır mı? Ben dahi geçenlerde bir rüya gördüm. Rüyama giren nur yüzlü bir ihtiyar, 'İstanbul'a git, Topkapı'daki kulübesinde Arakiyeci İbrahim Ağa diye birinin evi var, evi bul, odunluğunda bir küp Bizans altını gömülüdür, al keyfince yaşa' dedi. Ama rüya ile amel edilmez dedim, hiç üstünde durmadım."

Hancıyı dinlerken, Arakiyeci İbrahim Ağa'nın gözleri parlamış, tüm yorgunluğu geçmişti. "İşte şimdi derya tutuştu!" diye düşünüyor, tatlı tatlı gülümsüyordu.

Gece gündüz demeden, yağmurdu güneşti dinlemeden İstanbul'a döndü. Evinin odunluğunu kazdı. Altın dolu küpü topraktan çıkardı. Camiini inşa etti.

"Arakiyeci İbrahim Ağa Camii", hedefe kilitlenmenin, sabrın ve sebatın sembolü olarak hâlâ durur.

Düşünüyorum da, Arakiyeci İbrahim Ağa, şartların elverişsizliğine, imkânlarının azlığına bakıp cami yaptırma emelinden vazgeçseydi... Bağdat'a kadar gitmese, bu zahmeti göze almasaydı da köşesinde yalnızca dua ederek bekleseydi, emeline nail olabilir miydi?

•••

Eğer imkânlarınızı, hatta dünyanızı aşan büyük hedefleriniz, kalıcı emelleriniz varsa...

Eğer sizi hedefinize ulaştırıp emellerinizi gerçekleştirecek sabra, sebata, ihlâsa, gayrete sahipseniz...

Ve eğer bu uğurda bazı çilelere, dertlere, yorgunluklara, güçlüklere, sıkıntılara katlanmayı göze alabiliyorsanız...

Rahmet tecelli eder ve hedefinize ulaştırılırsınız.

BEŞİKTEN MEZARA KADAR "SANAT"

SANAT SİLAHTAN ÇOK DAHA ÖNEMLİDİR. "İmha" yerine "inşa" eder ve son derece kalıcı sonuçlar verir. Buna rağmen acaba neden Osmanlılarda roman ve heykel yoktur?

Biliyoruz ki, Rus, kendi mitini ve muhitini inşa etmiş romanla...

Batı, "hayat mücadeledir" görüşünün esaslarını yansıtmış romanda; "Robenson"larında, "Seksen Günde Devr-i Âlem"lerinde felsefesini aktarmış... Geçirdiği tarihî istihaleleri dökmüş heykele, resme...

Dünkü Amerika serüvenciliğini yansıtmış sinemaya, sanatı kullanarak kendine bir tarih bile inşa etmiş, sığır çobanlarını kahraman olarak yutturmuş dünyaya...

Bunlar doğrular. Yani sanatın, özellikle de romanın ve sinemanın gücü inkâr edilemez.

Sinema, Osmanlı döneminde zaten yoktur. Geriye kala kala romanla heykel kalıyor tartışmaya açık... Soru da işte buradan doğuyor: "Osmanlılarda neden heykel yok, roman yok?" sorusu...

Osmanlı'da romanın, yahut bildiğimiz anlamda heykelin olmaması kuşkusuz sanatın olmaması değildir. Roman yok, ama onun yerine dört bin yıl öncesinden başlayarak eski devirleri, eski hayalleri güne taşıyan Hint masalları, destanları var. "Siret-i Anter, Bin Bir Gece," vesaire. Nihayet hepsinin aktığı ibret ummanı: Kıssalar, menkıbeler...

Resmin alternatifi hat, ebru, çeşmibülbül... Osmanlı'nın hayatı sanat...

Heykelin alternatifi, en basitinden mezar taşları...

Fakat roman: O bambaşka bir konu...

Bence, Osmanlı'nın uzun süre romana karşı direnmesinin ve hiçbir ilgi bağı kurmamasının asıl sebebi, romanın yüklendiği misyonda aranmalı.

Romanın misyonu teşhir, teşhirin malzemesi ise aşırı merak, yani tecessüstür.

Roman mütecessis, meraklı; her topluluğa, hatta her eve girmek, her aksaklığı, her kusuru bulmak ve her şeyi herkese göstermek iddiasında...

Oysa İslâm'da hem teşhir yasaktır, hem kusurları ifşa, hem de aşırı ve gereksiz tecessüs...

İslâm'da teşhir yok, ifşa yok; bunun yerine tespit, ispat ve ikaz var. Osmanlı kendini teşhir ve ifşa etmekten kaçındı. Düzelmeyi tespitte, ispatta ve ikazda aradı. Koçi Bey Risalesi ve benzerleri kendi çağı içinde düşünülürse bu konuda oldukça çarpıcı ve yapıcı örnekler...

Burada bir tespit yapmak istiyorum:

Osmanlı'nın namus telâkkisi bütün aileyi, hatta bütün toplumu mukaddes bir sır perdesine sarar ve toplum, sırrını, sadece nâmahrem olmayan nazarlara açardı.

Bu hem insanî bir yaklaşımdır, hem de İslâmî...

Hatırlayalım ki, Batı'nın ilk romanlarından biri "Topal Şeytan"dır. Roman kahramanı evlerin çatısını açmış dünyaya sesleniyor: "Buyurun siz de bakın!" diyor. Ve oturma salonlarından hızla yatak odalarına geçen tecessüs, ifşa ve teşhir mızrağıyla mahremiyeti kalbinden vuruyor.

Sonuç: Aile mahremiyetinden sonra ailenin de çöküşü...

Batı toplumlarında bunun etkisi var. Mesela bize göre boşanma oranı çok yüksek. İntihar vakaları ve uyuşturucu bağımlılığı da öyle...

Tabii romanın tahrip kalıbı olmaktan çıkarılıp Müslümanlaştırılması mümkündü. Bu da yeni yeni yapılıyor.

Heykele gelince... Osmanlı'da klâsik manada heykel yoktur. Çünkü Osmanlı, bediî zevklerde bile ebediyet arayan vahiy medeniyetine mensuptur. Dünyayı ahiretin tarlası sayan bir kültürün çocuğudur o... Vahiy medeniyetinin çocuğu fani zevkleri tatmin uğruna Yaratıcıya nispet gibi bir abesiyetle meşgul olmaz.

Osmanlı heykel dikmek yerine ebedî âbideler dikmeyi seçti. Muhitini baştan başa çeşmelerle, kubbelerle, sebillerle, köprülerle, hanlarla, kervansaraylarla, aşhaneler, bimarhanelerle süsleyip, bunların bekası için vakıflar vücuda getirdi.

Onun nazarında ebedileşmenin ölçüsü faydasız bir heykel yontmak değil, bir mâbede imza atmak ya da insanlığın hayrına hizmet edecek bir medreseye kubbe çakmaktı.

Özenle yontup her birini sanat eserine dönüştürdüğü mezar taşlarında bile ebediyet emelinin yansımaları açıkça görülür.

Öte yandan bugün müzelerde zevkle seyrettiğimiz şaheser beşiklerde insana verdiği değerin ölçüsü saklıdır.

Şu tespiti yapmakta mahzur yok: Osmanlı, "Beşikten mezara ilim" emrine uygun olarak, san'atı beşikten mezara kadar bütün hayata yaymış, ancak faydacılığı esas almıştır.

Bu idrak olmasaydı, hâlâ kullanılabilir durumda bunca tarihî eser bize miras kalır mıydı?

BALTACI MEHMET PAŞA VE KATERİNA OLAYI

ÖNCE OLAYIN KAHRAMANI Baltacı Mehmed Paşa (ölümü 30 Kasım 1721) hakkında kısa bir malumat arz etmeye çalışayım...

Osmancık'ta dünyaya geldi. Genç yaşta içini saran ilim merakı ile Trablus, Tunus ve Cezayir'e gitti. Daha sonra İstanbul'a döndü ve akrabalarından Hacı Sefer Ağa vasıtasıyla saraya girdi. Enderun'da yüksek eğitim aldı. "Baltacı" (sarayın oduncusu diyebiliriz) oldu. Ardından "Baltacı Halifeliği"ne yükseldi. Sesinin güzelliği yüzünden musikiye teşvik edildi. "Müezzin" oldu. Oradan yazıcılığa terfi etti, 1703 Aralık ayında da "Mirahurluk"a yükseldi.

Çok zeki ve son derece çalışkandı. İlme karşı müthiş bir merakı vardı. Durmadan okuyordu. Bu çabası onu 1704 yılı Kasımında "Vezir"liğe, hemen ardından "Kaptan-ı Derya"lığa (Deniz Kuvvetleri Komutanlığı), 21 Aralık 1704'te de "Sadrazam"lığa (Başbakanlık) taşıdı.

İşte Prut Savaşı'nın kahramanı bu zattır. İşin aslı ise şudur: Rus Çarı Birinci Petro (ki, bizim tarihlere göre "deli", Rus tarihine göre ise "büyük"tür; "büyük"lüğü de, Türkiye'yi içine alan bir istilâ projesi ile boğazlarımızdan geçip sıcak denizlere inerek "Büyük Rusya"yı kurma emelinden gelmektedir), Poltava Savaşı'nda İsveç Kralı Demirbaş Şarl'ı yendi. Şarl, Osmanlı topraklarına çok yakın bir bölgede bulunan Bender Kalesi'ne sığındı. Osmanlı Padişahı'na mektup yazarak Rusların eline düşmek üzere olduğunu bildirip yardım istedi.

O zamanın Osmanlısı, başı sıkışanın kurtarılmak için müracaat ettiği son çare idi...

Sultan Üçüncü Ahmed Han, hem Demirbaş Şarl'ı kurtarmak, hem de Petro'nun "Büyük Rusya" hayalini yıkmak üzere Rusya'ya savaş açtı. Zamanın Vezir-i Âzamı (Başbakan) Baltacı Mehmed Paşa, sefere Serdâr-ı Ekrem (Başkomutan) tayin edildi. Yüz bin kişilik Osmanlı ordusu, 9 Nisan 1711'de sefere çıktı. Osmanlı donanması da üç yüz altmış gemiyle Karadeniz'e açılarak, Azak Denizi'ndeki Rus donanmasını imha ile Azak Kalesi'ni fethedecekti.

Osmanlı ordusu, Prut Nehri kıyısında, Mareşal Şermetiyef komutasındaki Rus ordusuyla karşılaştı. Rus ordusunun mevcudu, altmış bin kadardı.

Baltacı Mehmed Paşa, son derece usta bir manevra ile Rus ordusunu dört yandan kuşatmayı başardı. Osmanlı topçusunun yoğun ateşi altında büyük zayiat verdiler. Bombardıman ve hücum günlerce sürdü.

Dayanamayacağını anlayan Mareşal Şeremitiyev, Çar Petro'nun müsaadesiyle Baltacı'ya bir mektup yazarak, resmen barış teklif etti. Baltacı Mehmed Paşa, ilk barış teklifine cevap olarak, topçu ateşini hızlandırdı.

Bunun üzerine bir süre daha dayanan Şeremitiyev, ikinci bir mektup yazarak barış isteğini tekrarladı. Savaş uzayacağa benziyordu. Savaş uzadıkça yeniçerilerde bıkkınlık alametleri görülmeye başlamıştı. Baltacı Mehmed Paşa, "Savaş Şurası"nı topladı: "Rus çarı sulh istiyor ve her ne talep edilirse vermeyi kabul ediyor. Arzumuz gibi hareket ederse sulha müsaade mi edelim, yoksa emanına (barış istemesine) bakmayıp harbe devam mı edelim?"

Kırım Hanı hariç, komutanların çoğu şu görüşte anlaştılar: "Eğer istediklerimizi bize teslim eder ve tekliflerimize razı olursa, sulh yapmak kazançtır. Önümüz kış, muharebe uzarsa burada barınamayız. Şimdiden yeniçeriler arasında savaşa karşı bir isteksizlik seziliyor. Maazallah fena bir durumda savaşın bozgunla neticelenmesi ihtimali vardır."

Tartışmalar sonunda barış teklifi kabul edildi.

Ertesi gün ordugâha davet edilen Rus murahhası Pyotr Şafirov ile barışın şartları görüşmelerine başlandı ve bir süre sonra da meşhur "Prut Antlaşması" imzalandı. (22 Temmuz 1711)

Aslında Osmanlılar açısından bu bir zaferdi. Çünkü her istediklerini almışlardı. Ne var ki, Baltacı'nın rakipleri olayı Padişah'a yanlış aksettirdiler, sonuçta Baltacı, gözden düştü.

Gelelim Katerina hikâyesine...

Böyle bir olay yaşanmamıştır, çünkü:

1. Prut Savaşı'nı en ince ayrıntılarıyla anlatan iki tarafa ait ruznâmelerden (günlük) hiçbiri Katerina ile Baltacı'nın buluşmalarından bahsetmiyor.

2. Sultan III. Ahmed devrini dört ciltte tüm teferruatıyla nakleden tarihçi Raşit de böyle bir olaya yer vermiyor...

3. Prut Savaşı sırasında 82 yaşında bulunan Sadrazam'ın bir kadınla birlikte olması imkânsızdır...

4. Sadece Başkomutan'ın (Baltacı'nın) kararıyla barış olmaz; bu kararı sadece harp divanı verebilir. Yani, Başkomutan'ın antlaşma kararı verme yetkisi yoktur. Vezirlerden, komutanlardan ve diplomatik heyetten oluşan "Harp Divanı"nın barışı onaylaması gerekir...

5. Baltacı'nın, Katerina'ya, yahut altınlarına tamah etmesine esasen gerek de yoktur; zira savaş kazanılınca Katerina nasılsa esir alınacak, tüm altınları ile mücevherleri de ganimet olarak ele geçecektir...

6. Baltacı, öte yandan, rüşveti alır, kuşatmayı ise kaldırmazdı. Böyle bir durumda Çar, yahut eşi Katerina hangi dünya mahkemesine başvuracaktı?

7. Zaten Çar Petro ile karısı savaş meydanına hiç gitmediler. Petro, Mareşal Şermetiyef aracılığıyla savaşı uzaktan yönetti...

Yani, Rus Çariçesi Katerina ile Baltacı Mehmed Paşa'nın buluşmaları, tamamen hayal mahsulüdür...

Dönemin hiçbir Türk ve Avrupa kaynağında, böyle bir iddia mevcut değildir...

Prut Seferi'nden hemen sonra Baltacı'yı sadaretten (sadrazamlıktan) düşürmek için çalışan İstanbul'daki rakipleri dahi böyle bir iddiada bulunmamışlardır...

Bu tür iftiralar, onları kendileri gibi zanneden ucuz piyasa romancılarının kaleminden çıkmış, maalesef "bizden" bazı isimler tarafından da benimsenmiştir.

Artık Baltacı'yı rahat bırakmak gerekiyor.

BİR "GÜNAH"IN ANATOMİSİ

ÇOK SORULAN BİR SORU: "Padişahlar, taht uğruna kardeşlerini, hatta oğullarını katlederler miydi?"

Cevap: Evet, ama taht uğruna değil, belki baht uğruna; devletin bekası için...

Olayı, alelâde bir "katl" şeklinde mütalâa etmek son derece yanlış olur. Meseleyi değerlendirirken mutlak surette dönemin şartlarını, yönetim anlayışlarını, işin önünü ve sonunu hesaba katmak, muhtemel neticelerini düşünmek, buna bağlı olarak da şu soruyu sormak lâzım gelir: "Acaba devletin bekası mı mühimdir, yoksa bir şehzadenin hayatı mı?"

Hem devlet beka bulsun, hem de şehzadeler hayatta kalsın; elbette güzel olanı, ideal olanı budur. Fakat ideali bulmak her zaman mümkün olamamıştır. Ve devletin birliğine, bütünlüğüne şehzadeler kurban verilmiştir.

Tarafsız tarihçiler, şehzade katlinin bir gaddarlıktan değil, devletin bütünlüğünü her şeyin üstünde tutma zaruretinden gelen cebrî bir fedakârlıktan kaynaklandığı yolunda hüküm vermişlerdir.

Gerçekten de padişahları evlât ve kardeş katline sevk eden sebep ne şahsî kin duygusudur, ne de menfaat hissi... Bu fiiller tamamıyla din ve devlet kaygısından doğan hazin, hazin olduğu kadar da feci tedbirlerdir.

Zira günün birinde tahta geçmek üzere yetiştirilen her şehzadenin gönlünde padişahlık aslanı yatmaktadır. Devleti en iyi kendisinin idare edebileceği düşüncesi âdeta fikr-i sabit halinde kafalara yerleşmiştir.

Şehzadelerin böyle yetiştirilmesi ise ayrı bir zaruretin icabıdır. Bu düşünce gücüne güç katmakta, mücadele azmini bilemekte, kendine güven duygusunu kuvvetlendirmektedir.

Açıkçası, tahta geçemeyen her şehzade isyan etmeye, kargaşa çıkarmaya namzettir.

Ortada çok olumsuz örnekler de mevcuttur. Meselâ Sultan I. Murad'ın oğlu Savcı Bey, babasına karşı isyan etmiş (1385), Anadolu'da Timur istilâsıyla başlayan Fetret Devrinde (1402-1413) Yıldırım Bayezid'in evlâtları arasında baş gösteren mücadelede binlerce mazlumun kanı akmış, bu yüzden Bizans'a nice tavizler verilmiş, daha önce alınmış bazı topraklar iade edilmiştir.

Musa Çelebi bir ara İstanbul'u sıkı şekilde muhasara etmişken, kardeşinin (Mehmed Çelebi) ordusuyla üzerine gelmesi yüzünden mecburen muhasarayı kaldırmış, daha sonra Bizans'a âlet olan Yıldırım oğullarından Mustafa Bey (nam-ı diğer Düzmece Mustafa) isyanlarıyla devlet yeni bir fetretle yüz yüze gelmiş; nihayet Fatih'in babası II. Murad zamanında padişahın kardeşi Şehzade Mustafa (Düzmece Mustafa'dan ayırt edilebilmesi için tarihlerimiz bu şehzadeyi "Küçük Mustafa" olarak yazar.) Bizans, Germiyan ve Karaman kışkırtmaları sonucu ayaklanmış, bunun üzerine Sultan II. Murad tıpkı Musa Çelebi gibi, İstanbul muhasarasını kaldırarak küçük kardeşinin üstüne yürümek durumunda kalmıştır (1423).

Bundan sonraki isyan örnekleri ise sayılamayacak kadar çoktur. Şüphesiz her birinde devlet büyük yaralar almış, bir şehzadenin yerine binlerce insan ölmüştür.

Öte yandan evlâtlar arasında bölüştürülmüş imparatorlukların akıbeti de malûmdur. Bir Cengiz Han, bir Timur imparatorluklarının, kardeşler arasında bölüştürülmesi sonucu bir insan ömrü kadar bile hayatta kalamadıklarını herkes bilir.

Ama Osmanlı Devleti altı yüz küsur sene ayakta kalmış, bu sürenin en az dört yüz senesinde dünyanın hemen hemen üçte birine hükmetmiştir.

Fransız düşünürü Fernand Grenard'ın da dediği gibi, "Osmanlı Devleti, gücünü devamlılığından alır."

Yani uzun soluklu oluşunu, hiç bölünmeden yürümesine borçludur. Yek vücut, imanlı bir kitlenin önünde, bölünmüş Avrupa ve saltanat ortakları arasında taksim edilmiş bir Bizans, elbette dize gelmeye mahkûmdu. Ve öyle oldu.

•••

Osmanlı hanedanı ve devlet adamları, devletin bölünmez bir bütün olduğu gerçeğine gönülden bağlıydılar. Mülkü taksim teklifiyle kendisine elçi gönderen Cem Sultan'a, ağabeyi Sultan II. Bayezid'in verdiği cevap meşhurdur: "Bu kişver-i Rûm bir ser-i pûşide-i arûs-i pûr nâmustur ki, iki dâmad hutbesine tâb götürmez" (Osmanlı Devleti öylesine namuslu bir gelindir ki, iki damat istemez).

Osmanlı hanedanı ve devlet adamları daima "birlik" şuuruna, "nizam-ı âlem" düşüncesine ve "Fitne katilden daha şiddetlidir" meâlindeki İlâhî hükme inanıyorlardı.

Peygamber müjdesine mazhar olmuş Fatih Sultan Mehmed, bir saltanat endişesi ve rakibi bulunmadığı hâlde, meşhur "Kanunnâme"sine malûm hükmü koymuştur: "Her kimesneye evlâdımdan saltanat müyesser ola, karındaşların nizam-ı âlem içün katletmek münasibdür. Ekser ulema dahi tecviz etmişdür, bununla âmil olalar."

Ne yazık ki şartlanmış kafalara ve okul kitaplarına, bu sebep ve gerekçelerin hiçbiri girmemiştir. Olay öyle bir şekilde takdim edilmiştir ki, bundan, padişahların sadece kendilerini düşünerek, ikballeri uğruna oğullarını, yahut kardeşlerini öldürttükleri sonucu çıkmaktadır.

Oysa Yıldırım Bayezid, kardeşi Yakup Bey'in "tahtını tabuta" çevirmeseydi, devlet param parça olmaz mıydı?

Fatih, kardeşini sağ bıraksaydı, kardeşi zaman içinde isyan çıkartmaz mıydı (çünkü hep böyle gelişti), bu isyan sebebiyle acaba İstanbul fethi aksamaz mıydı?

Sultan II. Bayezid, Cem Sultan'ın teklifini kabul edip devleti kardeşiyle bölüşseydi Yavuz ortaya çıkabilir, "Halife" olabilir miydi?

Ve Yavuz, üzerlerine gelen kardeşleri Ahmed ve Korkud'u bağışlasaydı, toparlanır toparlanmaz birleşip yeniden saldırmazlar mıydı? Bu da Yavuz Padişah'ın en büyük ideali olan "İttihad-ı İslâm"ı (Müslümanların birliği) gerçekleştirmesini engellemez miydi? Tabii Hilafet de Osmanlılara geçmezdi

Nihayet şunu sormak lâzım: Cengiz Han, Timur Leng ve Hülâgü Han gibi cihangirlerin kurdukları devletler, neden acaba bir Osmanlı Devleti olamamış, yüzyıllar boyu yaşayamamıştır? (Tarihçiler bunun sebebi olarak, imparatorlukların oğullar arasında bölüşülmesini gösteriyorlar.)

Bunların üzerinde kafa yormadan, şartları hiç nazara almadan, o günlerin devlet telâkkisini anlamaya çalışmadan masa başında hüküm vermek insafsızlıktır.

Olayı tarih, şartlar ve insaf ölçeğinde ortaya koyduktan sonra, hâlâ "günah" hükmü vermek de mümkündür. O takdirde günahların ve sevapların değerlendirileceği "Mahşer Günü" hatırlanmalı ve olay yargı merciine havale edilmelidir.

•••

Osmanlı padişahları gerek yabancı, gerekse yerli yazarlar tarafından o kadar hırpalanmıştır, öylesine akla, hayale sığmayan iftiralara maruz bırakılmıştır ki, mevcut bazı hata ve kusurlarından ziyade faziletlerinin üstünde durmak, neredeyse insanlık borcu hâline gelmiştir.

Eminiz hiçbir millet, kendi ecdadını böylesine hırpalamamıştır, tarihine böylesine yabancılaşmamıştır; kendi kökünü, kendi tırnaklarıyla böylesine duygusuz ve duygusuzca yolmamıştır.

Artık taşları yerli yerine koymak lâzım...

Sonuçta herkes Allah'a hesap verecek, herkes kendi günahlarının kefaretine katlanacaktır.

PADİŞAHLAR NEDEN YABANCI KADINLARLA EVLENİRLERDİ?

OSMANLI PADİŞAHLARININ, Türk kızları dururken, yabancı kızlarla evlenmelerinin spekülatif amaçlı tartışmalara vesile olduğunu herkes biliyor. Osmanlı tarihine, özellikle de hanedana ve padişahlara hakaret kastıyla olayı saptıran çevreler de var...

Mesela şöyle diyorlar:

"Padişahlar yabancı kadınlarla evlenmek suretiyle, Türk Devletinin yapısını bozdular."

İddia yersizdir, çünkü o dönemde ortada bir "Türk Devleti" yok, Türklerin kurduğu çok uluslu bir "Osmanlı İmparatorluğu" vardır... (Haşmetini vurgulamak için "imparatorluk" diyorum, yoksa Osmanlı, hiçbir zaman, "imparatorluk" kelimesinin içerdiği "emperyalist" amaçlar taşımamıştır.)

Devletin yapısı etnik (ırk) esasa göre oluşturulmamış, din esasına göre oluşturulmuştur. (Türkiye Cumhuriyeti de bu bakış açısını benimsediği içindir ki, Lozan görüşmelerinde "azınlık" tarifinin etnik esasa göre değil, dinî esasa göre şekillenmesini istemiş ve tarife göre Hıristiyan, Yahudi ve sair gayr-i müslim unsurlar "azınlık" sayılırken, Kürt, Laz, Çerkez, Abaza, Arnavut vs. gibi unsurlar "devletin asıl sahipleri" sayılmıştır.)

Ancak başka dinlere ve mensuplarına son derece tolerans gösteren bir dinî anlayış benimsenmiştir.

Başka dinlerin mensupları ne horlanmıştır, ne dışlanmıştır, ne de kınanmıştır; hatta inançlarını daha dinamik yaşayabilecekleri imkanlar verilmek suretiyle daha mutlu olmaları sağlanmıştır.

Zaten Osmanlı Devleti'ni, yaşadığı çağın ötesine taşıyıp tarih içinde yıldızlaştıran şey, "öteki"ne (öteki dinlere, öteki dillere, öteki ırklara, öteki kıyafetlere ve tüm farklılıklara) karşı gösterdiği bu anlayışıdır.

Bu anlayış sayesinde, Osmanlı Devleti, oldukça uzun sayılabilecek bir süre zirvede kalabilmiş, dünyanın cazibe merkezi haline gelebilmiştir.

Bu kimliğinden uzaklaşmaya başladığında ise, çöküş süreci başlamıştır. Buna tarih şahittir.

Böyle bir yapı içinde, dinin belirleyici olması kaçınılmazdır. Nitekim de öyle olmuş, ister atadan kalma, isterse sonradan olsun, her "Müslüman" devletin aslî sahibi sayılmış ve yüreklerle birlikte tüm makamlar ona açılmıştır.

Şöyle de denilebilir: Osmanlı'nın yapısı etnisiteye (ırk kalıplarına) değil, dine dayandığı için, her alanda din belirleyici temel öğe olmuştur. Tabiatıyla, insanlar, milliyetlerine göre değil, dinlerine ve tabii ki liyakatlerine göre değerlendirilmiş, önceden hangi dinden olduğuna bakılmaksızın, Müslüman olan herkes, daha önceki tüm Müslümanlarla eşit haklar kazanmıştır.

Bu hüküm padişah eşlerini ve annelerini de kapsamaktadır...

Hz. Ömer, "Biz, zelil, aşağı kimselerdik. Allahu Teala, bizleri Müslüman yapmakla şereflendirdi" buyuruyor.

Unutmayalım ki, başlangıçta hiç kimse Müslüman değildi; bugün çok büyük hürmet gösterdiğimiz, İslâm tarihinin temelini teşkil eden isimler, sonradan iman edip Müslüman olmuş isimlerdir...

Yani, Müslüman anne-babadan doğmamak bir kusur değildir. Öyleyse, padişah annelerinin önceki dinlerini ve milliyetlerini dikkate almak, hele de bunu "bozulma" sebebi saymak mümkün değildir.

Çünkü Osmanlı'nın "ortak payda"sı İslâm'dır. Osmanlı literatüründe, "yabancı" demek, "gayr-i müslim" demektir...

Padişah anneleri ise evlâtlarını "Müslüman" olarak doğurmuşlardır...

Bu çerçevede, Sultan Birinci Murad'ın annesi Rum asıllı "Horofira" iken, Müslüman olup "Nilüfer Hatun" adını almıştır...

Yıdırım Bayezid'in annesi Bulgar asıllı "Marya" iken, Müslüman olmuş, "Gülçiçek Hatun" diye anılmıştır...

İkinci Murad'ın annesi, kimi kaynaklara göre "Veronika" isimli bir Hıristiyan iken, Müslüman olup "Emine Hatun" adını almıştır...

Fatih Sultan Mehmed'in annesi Sırp kralının kızı "Mara Despina" iken, Müslüman olup "Hüma Hatun" olarak tarihe geçmiştir...

Kanuni Sultan Süleyman'ın annesi Polonyalı "Helga" iken Müslüman olup "Hafsa Sultan" adını almıştır...

Sultan İkinci Selim'in annesi Rus uyruklu "Roza", ya da Ukraynalı "Roxana" Müslüman olup "Hürrem Sultan" adını almıştır.

Onların Müslümanlığını sorgulamak, hiç kimsenin hakkı ve haddi değildir. Bir çoğu o kadar "iyi Müslüman"dır ki, dindaşlarının yararlanması içi cami, mescit, çeşme, han, hamam, hastane, imaret gibi sayısız hayır eserleri vücuda getirmiştir.

Bunların çoğu küçük yaşta esir alınıp İstanbul'a getirilmiş olan küçük yaşta kızların arasından seçilmiştir.

Böyle bir sistem vardı: Savaşta esir alınan kızların arasından en zeki ve güzel olanlar saraya ayrılır, aynı zamanda bir "yetiştirme yurdu" gibi çalışan haremde eğitilir, dinî bilgilerin yanı sıra, dünyevî bilgilerle de donatılır, sözün tam manasıyla padişaha eş ve anne olabilecek seviyeye getirilirlerdi.

OSMANLILAR ALEVÎLERİ EZDİ Mİ?

Kİmİ ALEVÎLER "TARİH BOYUNCA ezilmiş, itilmiş mağdur" rolüne soyunup şefkat avına çıkıyor. Bu arada Osmanlı'ya da verip veriştiriyorlar.

Halbuki, Alevîler üstüne şiddet ve baskının Osmanlı tarihinin tamamını kapsamadığı, hele hiçbir zaman bunun bir devlet politikası hâline gelmediği, zaman zaman yapılan baskının ise dinî kimliğe değil, dinî kimliğin siyasete âlet edilmesine yönelik bulunduğu gerçeği belgelenmiştir.

Meselâ Alevîlerin "Şahkulu" dediği ve bugün adına cemiyetler kurduğu, cem evleri açtığı kişi Osmanlı'nın tarihî varlığına kastetmiş bir siyasî kimliktir. "Veli" unvanlı Sultan II. Bayezid'in padişahlığı döneminde isyan etmiş (1511), Kütahya'yı vurmuş, yağmalamış, Osmanlı paşalarını ve askerlerini kesmiş, devletin başına büyük gaileler açmıştır. Tabii cevabını da aynı şiddette almıştır. Şahkulu, yandaşlarıyla birlikte öldürülmüştür. (Şeyh Bedreddin Sünni olduğu hâlde aynı muameleye maruz kalmadı mı?)

Yani Osmanlı Devleti'nin kendini savunma gayesini "Alevî varlığına yönelik şiddet" hareketi saymak, ne tarih sosyolojisi açısından, ne de devlet kavramı bakımından doğrudur. Düşünün ki, bugün bile hiçbir devlet, hangi gerekçe ile olursa olsun, kendisine yönelik bölücü herhangi bir hareketi bağışlamaz.

Yavuz Padişah'ın Alevîlere yönelik —çokça tenkit edilen—tedbiri de yukarıdakine benzer. Hatırlayalım ki, Şah İsmail, dinî kimliğini Osmanlı'yı yıpratıp yıkmak için kullanıyordu.

İsmail'in maksadı Anadolu'yu nüfuz alanı içine almak, ardından Anadolu'daki Alevî unsurları yanına çekip İstanbul'a yürümekti. Şah'ın gerçek emelini muhtemelen bilmeyen Anadolu Alevîleri arasında taraftar da bulmuştu. Yavuz'un tepkisi aşırı derecede sert oldu. Ancak harekât tüm Alevîleri kapsamıyor, siyasallaşmış olanlarla sınırlı tutuluyordu. Sınırlı tutulmasaydı, herhalde bugün ortada Alevîden eser kalmazdı.

Bugünkü Türkiye Cumhuriyeti devletinin PKK ile mücadelesini tüm Kürtlere yönelik bir hareket saymak ne kadar mantık dışı ve gerçek dışı olursa, Yavuz Padişah'ın o günkü hareketini tüm Alevîlere karşı saymak da aynı derecede mantık dışı ve akıl dışı olur.

Özet olarak: Osmanlı tarihinde, günün şartlarına paralel olarak gelişen olaylar esnasında, zaman zaman Alevîlerin aleyhine bazı uygulamalar olduğu doğrudur. Ne var ki, devleti buna zorlayan şartların oluşmasında Alevî tebaanın siyasî bazı davranışlarını görmezden gelmek doğru değildir. Bu, konumuzla ilgili olarak sağlıklı yorum yapabilmenin birinci şartıdır.

İkincisi: Karamanoğlu-Germiyanoğlu gibi bazı Sünni beylerle Şehzade Mustafa, Şehzade Musa, Şehzade İsa ve

Cem Sultan gibi bazı şehzadelerin, devletin bölünüp paylaşılmasına yönelik ayaklanmalarının aynı şiddette cezalandırıldığını, o gaileler sırasında sayısız Sünni'nin öldüğünü bize aynı Osmanlı tarihi söylüyor. Sağlıklı yorum için bunun da dikkate alınması lâzım.

Osmanlılarda devlet kavramı çok önemlidir. O kadar önemlidir ki, bu uğurda evlât babasıyla, baba evlâdıyla (Veli Bayezid ile Yavuz Selim) savaşmış, günün birinde isyan ederek devleti bölebilecekleri ihtimalini bertaraf etmek için de (doğru-yanlış) nice şehzade kurban verilmiştir. Bunlar tarihimizin hicran sayfalarıdır.

Sonuç olarak: Alevîlerin Osmanlı tarihi boyunca, sırf Alevî oldukları için zulüm, baskı, şiddet ve katliama maruz kaldıklarını iddia etmenin, tarihe karşı en asgarisinden fazlaca haksızlık ve insafsızlık olduğunu düşünüyorum.

OSMANLI, AMERİKA'DAN VERGİ ALIRDI

PEK ÇOK KİŞİYİ ŞAŞIRTACAĞINI düşündüğüm sivri bir cümle ile başlamak istiyorum: ABD 1812 yılına kadar Osmanlı Devleti'ne haraç (vergi) veriyordu.

Bu şaşırtıcı gerçeği hazırlayan olaya gelirsek...

1795'te Osmanlı Devleti'ne bağlı Cezayir'in şanlı denizcileri (Barbaros'un torunları) İspanyol limanı Cadiç açıklarında seyir halinde bulunan Amerikan ticaret gemisi Maria'yı, muhtemelen güvenlik açısından, aramak istediler. Maria'nın kaptanı direnince de gemiye ve içindekilere el koydular. Amerikalı denizciler ise "savaş esiri" sayıldı. (20 Temmuz 1795)

Bunun Amerika'daki yankıları büyük oldu. Yankısı geçmeden de başta Douphin isimli gemi olmak üzere, on bir Amerikan ticaret gemisi daha aynı akıbete uğradı.

Olay Amerikan Kongresi'nde günlerce tartışıldı. Nihayet Cezayir donanmasını etkisiz hâle getirecek bir savaş filosu kurulmasına karar verildi. Bu amaçla da Başkan George Washington'un emrine 688.000 altın dolar tahsis edildi.

Donanma kısa süre içinde kuruldu. Cezayir Beylerbeyliği donanmasıyla birkaç kez savaştı, fakat yenildi. Cezayirli denizciler deniz savaşı konusunda gerçekten de çok mahirdiler. Sonuçta Amerika bükemediği eli öptü: Cezayir'le barış antlaşması imzalamak zorunda kaldı.

Amerika'nın İngilizceden başka bir dille (Türkçe) yazılmasına rıza gösterdiği ilk ve tek antlaşma budur.

Buna göre, Osmanlı Devleti'ne bağlı Cezayir Beylerbeyliği, Akdeniz ve Atlantik'te dolaşan Amerikan bandıralı ticaret gemilerini korsanların şerrinden koruyacak, buna karşılık olarak da, Amerikan hükümeti, Osmanlı Devleti'ne (Cezayir Beylerbeyliği vasıtasıyla) her yıl 640.000 dolar ve 12.000 Osmanlı altın lirası (Osmanlı altın lirası bulunamazsa bu miktara eş değer olan 216.000 dolar) seneviyye (haraç) ödeyecekti.

On iki maddelik antlaşma ABD Başkanı G. Washington'la Osmanlı Devleti'nin Cezayir Beylerbeyi Hasan Dayı tarafından imzalandı.

Amerika yıllar boyu antlaşmaya sadık kaldı. Yıllık haracını Osmanlı Devleti'ne muntazaman ödedi. Ancak Osmanlı Devleti'nin git gide zayıf düşmesinden yararlanarak 1812'de haraç ödemekten vazgeçti.

Hikâye bu kadar... Ve bu hikâye, günümüz şartlarında insana amma da tuhaf geliyor. Yalnız unutmayalım ki, antlaşmanın imzalandığı yıllarda ABD yirmi yaşlarında, beş milyon nüfuslu küçücük bir devletti. Osmanlı Devleti ise kökü mazide bir devdi. Aynı dönemin tartışmasız tek süper devletiydi.

Şimdi hayat tersine dönmüşse, bunda kendi yanlışlarımızı da aramamız lâzım.

Sırası gelmişken bir belgeden daha söz etmek istiyorum...

1850'li yıllarda, Amerika, Meksika topraklarına girmişti. Kurak bölgelerde yük taşıma güçlüğüyle karşılaştı. Atlar susuzluktan ölüyordu. Son çare olarak bir "deve filosu" kurmayı kararlaştırdılar. Bu amaçla Osmanlı Devleti'ne başvurdular.

Sonuçta Amerikan Devleti Osmanlı Devleti'nden otuz deve satın aldı. Develer 1856 yılında İstanbul limanına demirleyen bir Amerikan ticaret gemisine yüklendi.

Fakat satın alınan otuz deve yerine, gemiye otuz iki deve yüklenmişti. Amerikan gemisinin kaptanı bir yanlışlık olduğunu söylediyse de Osmanlı yetkililer ısrarla hiçbir yanlışlık olmadığını belirttiler.

Gerçekten de yanlışlık yoktu. Sipariş fazlası iki deve Osmanlı Padişahı Sultan Abdülmecid'in Amerikan hükümetine armağanıydı. O zamanın şartları dikkate alınır ve devenin değeri de düşünülürse, buna, yarı şaka, yarı ciddi "Osmanlıların Amerika'ya askerî yardımı" denilebilir.

DÜN BUGÜNDÜR!

AĞDAT'TA PATLAMA..."
"Bağdat'ta yine intihar saldırısı..."
"Bağdat'ta polis merkezine füze atıldı..."

Son yılların Bağdat'ı bu; ama ben "Bağdat" dendiğinde hâlâ gencecik bir ana kuzusu ile ona Kayıkçı Kul Mustafa'nın yaktığı meşhur ağıtı hatırlıyorum:

Bağdat kapısını Genç Osman açtı.
Gören düşmanların tedbiri şaştı.
Kelle koltuğunda üç gün savaştı.
Şehitlere serdar oldu Genç Osman...

Bu "Genç Osman" hikâyesi ilginçtir. Bağdat'ın dört yandan vurulduğu, gençlerimizin ise "para" dışında değer tanımadığı şu devirde, hikâye daha ilginç ve anlamlı hâle geliyor.

Bu fedakâr genci (Genç Osman'ı) nasıl bir anne babanın, nasıl bir çevrenin, ne tür bir eğitim sisteminin yetiştirdiğini düşünüyorum.

•••

Devir, Sultan Dördüncü Murad devri...

Bağdat'a sefer açılmış, gönüllü kayıtları başlamıştır. Davullar vuruyor; tellâllar, Sadrazam (Başbakan) Hüsrev Paşa'nın emrini herkese duyuruyorlardı:

"Duyduk duymadık demeyin. Bağdat'a seferimiz var. Sadrazam Efendimiz, gün görmüş, devran sürmüş olanların orduya katılmasını emir buyuruyorlar. Bıyığında tarak durmayanlar orduya gönüllü olamayacaktır! Duyduk duymadık demeyin."

Genç Osman henüz on yedisinde bir civandı. Bıyıkları henüz terliyordu. Yani Sadrazam'ın öngördüğü gibi, "bıyığını balta kesmez bir yiğit" değildi. Yine de ne yapıp yaptı, kendini gönüllü yazdırıp asker oldu.

Derken, günlerden bir gün Çavuş Ağa fark etti Osman'ın çocuk yaşta olduğunu... Fark etmesiyle, "Ordu-yu Hümâyun'a sıbyan karıştı bre, bu ne nâbeca iştir" diyerek, kaptığı gibi Sadrazam'ın önüne attı:

"Emr-u ferman dinlememesi bir tarafa bırakılırsa, Devletlüm, gendisi akça-pakçadur ve dahi yüreği pekçedur, cesaretine şahidim."

"İsmin gelsin evvelemirde, kimsun?" diye sordu, Sadrazam Hüsrev Paşa.

"Osman'dır, illa velâkin yaşlı serdarlar gençliğimden kinaye bana Genç Osman derler Devletlüm."

Hüsrev Paşa kaşlarını çattı:

"Bre nâdan! Biz, 'Bıyığında tarak durmayan gencecikler orduya girmesin' deyu ferman etmedik mi, tellâllar bağırtmadık mı? Daha ne demeye orduya girersin? Ferman dinlemeyen fermanlı olur bilir misin?"

Genç Osman son derece sakindi. Hatta meydan okur gibi bakıyordu Sadrazam'a:

"Devletlüm," dedi, "benim bıyığımda tarak durur."

Sadrazam da, yanındakiler de hayretler içinde bakakaldılar. Delikanlının bıyığı yeni terliyordu. O bıyıkta değil tarak durdurmak, hatta bıyığı tutmak bile mümkün değildi.

Sadrazam, elini hışımla yeleğinin üst cebine attı. Sert kemikten yapılmış tarağını Genç Osman'a uzattı:

"İşte sana tarak! Görelim, olmayan bıyığında nice duracak?"

Genç Osman hiç duraksamadan tarağı aldı, sert bir hareketle üst dudağına sapladı. Kan ağzının iki yanından süzülürken, Sadrazam Paşa'ya gülümsedi:

"Gördüğünüz gibi, bıyığımda tarak duruyor, Devletlü Efendim! Emrinize karşı gelmiş değilim. Bütün dileğim, vatanıma, milletime hizmet etmektir."

Hüsrev Paşa ile birlikte, orada bulunan herkes gördükleri karşısında duygulanmıştı. Vatan-millet sevgisi olursa, ancak bu kadar olurdu. Sadrazam, delikanlıyı kucakladı ve alnından öptü:

"Berhüdar ol Genç Osman! Bu orduda senin gibi yiğitler olduktan sonra, yalnız Bağdat'ı değil dünyayı fethetsek gerektur! Ruhsat verdim, Ordu-yu Hümâyun'da kalabilirsin. Göreyim seni eyi ceng-u cidal eyle!"

Ertesi gün Bağdat'a hücum başladı. Genç Osman en önlerdeydi. "Allah, Allah!" sesleriyle atılıyor, ortalığı kırıp geçiyordu. Birden sancaktarın vurulduğunu gördü. Sancağı kaptığı gibi "Allah, Allah!" diye naralar atarak kaleye tırmandı. Sancağı burca dikti. O sırada can yerine saplanan hain bir okla şehit oldu (1630). Ama namı yüzyıllar boyu dillere destan, söylendi:

Genç Osman dediğin bir küçük aslan,
Bağdat'ın içime girilmez yastan,
Her ana doğurmaz böyle bir aslan,
Allah Allah deyip geçti Genç Osman.

●●●

Ne eski fedakârlar kaldı, ne eski cesaretler... Bağdat eski Bağdat olmadığı gibi, başbakanlar da eski sadrazamlar gibi değil...

Şimdikiler fedakârlıktan ve cesaretten anlamıyor!

Bedelsiz başarı olmaz.

Bazı insanlar umutla çırpınırken, bazıları kendi ürettiği umutsuzluk girdabında kendini boğar. Hayatın zorluklarına teslim olanlar, her zorluk karşısında pes etmeyi "yaşamak" zannederler.

Oysa gerçekten yaşamak, her türlü olumsuz şarta direnmek, olumsuzluğu olumluya çevirene kadar şartları zorlamak ve daima umut içinde çabalamaktır.

Gerçekten yaşamak, duanın yanı sıra elden gelen her şeyi yaptıktan sonra (bu da bir dua) tevekkül etmektir.

ÇANAKKALE ZAFERİ'NİN ANLAMI

ETRAFINDA İHTİLAFSIZ İTTİFAK edebileceğimiz ortak değerleri öne çıkarmalıyız. Tarih ortak değerlerimizden biridir. Özellikle Çanakkale Zaferi, yakın tarih içindeki yeri bakımından son derece anlamlıdır.

Anlamlıdır, çünkü "Türkler bitti, bir daha dirilemeyecek şekilde yere serildiler" denilen bir zamanda kazanılmıştır. Mahiyeti itibariyle bir diriliş cehdi, aynı zamanda da birlik-beraberlik sembolüdür. Bu itibarla Çanakkale mücadelesini kazanan ruhu keşfetmeye ve kavramaya muhtacız.

Hatırlayalım ki, Çanakkale Zaferi, Avrupa'nın "hasta adam" damgasını vurduğu bir milletin varlık mücadelesidir. Mücadele kaybedilirse her şey bitecekti. Kazanıldı. Bir millet ateşle imtihan oldu Çanakkale'de; tarihle hesaplaştı ve kendi varoluş tarihini yeniden yazdı.

Oysa yıllarca savaşmaktan yorgundu. İmparatorluğun geniş coğrafyası içinde on yedi yıl aralıksız savaşmıştı. Trablusgarp'tan Balkanlar'a kadar tüm vatan sathını kanıyla âdeta sulamıştı.

Yıl 1897...

Cephe Dömeke: Paçamıza salınan Yunan ordusuyla hesaplaşıyoruz...

Hemen arkasından Makedonya'da varlık mücadelesi veriyoruz. 1911'de Osmanlı mirasından Libya'yı aparmak isteyen İtalya ile savaşıyoruz. Trablus Savaşı bitmeden Balkanlar alevleniyor, oraya koşuyoruz. Karşımızda Sırbistan, Bulgaristan, Yunanistan ve Karabağ namıyla tekmil Avrupa var yine; Anadolu'nun ter temiz gençleri Balkan topraklarında kalıyor. İmparatorluğun sınırları ise Edirne'de çiziliyor...

Yıl 1914...

Cephe bütün vatan... Yine kan, barut, ateş... Ve biz yine ateşin ortasındayız. Üstelik İmparatorluğumuzun merkezi kendi içine kapanmış, politikacılar iktidardan pay kapmaya çalışırken Allahüekber Dağlarındaki buz cehennemi 86 bin vatan evlâdını yutuyor.

Ve Çanakkale...

Dünyanın en güçlü, en teknik, en eğitimli ordularının karşısında dünyanın en yorgun milletiyiz. 18 büyük zırhlı, 24 denizaltı, 13 torpido gemisi ve uçaklardan oluşan Müttefik Kuvvetler, 506 topla günde ortalama 23 bin mermi gönderiyor mevzilerimize... Bizim elimizde ise çoğu eski, demode 150 top var. Atılabilen mermi sayısı sadece 370. Bu açığı kapatmak için bulunabilen tek yol ise, mevzilere soba boruları yerleştirip top görüntüsü vermekten ibaret...

İngilizler zaferden emindir. Bu emniyet ve gurur içinde, İngiliz Donanması Kurmay Başkanı Sör Roger Keyes, 13 Kasım 1915 tarihinde hatıra defterine şu notu düşüyor:

"Bahriye Nazırımız (Denizcilik Bakanı) Çörçil'in enerjik idaresi altında dev adımlarla ilerliyoruz. Çanakkale Boğazı'nı mutlaka geçeceğiz."

Aynı tarihlerde Amiral Robeck ise İngiliz donanmasında bulunmadığına hayıflanıyor ve şunları söylüyor:

"Şimdi savaş gemilerinden birinde olmayı ne kadar isterdim. Çörçil'e inanıyorum. Çanakkale Boğazı geçilecek ve donanmamız Osmanlı sultanının sarayı önünde demirleyecektir."

İngiltere'nin müttefiki Fransızlar da aynı rüyayı görüyorlar. Fransız Savaş Filosu Komutanı Gepra (Guepratte) seyir defterine şu notu düşüyor:

"Müttefik donanmasının Çanakkale'yi geçeceğine hiç şüphem yok. Bu bir prestij meselesidir. Bütün mesele İstanbul'a ilk girme şerefinin kime ait olacağıdır: İngiltere'nin mi, Fransa'nın mı?"

Ve Çörçil, donanmayı Çanakkale'ye gönderdiği andan itibaren yaptığı bütün konuşmalarda aynı hayali seslendiriyor:

"Çanakkale mutlaka geçilmelidir, geçilecektir. Osmanlı Devleti mutlaka bertaraf edilmelidir, edilecektir."

Bu amaçla son büyük saldırısını gerçekleştirmek için hazırlanıyor.

Aynı günlerde Çanakkale Müstahkem Mevki Komutanı Cevat Paşa, subaylarını çadırında toplamış şöyle konuşuyor:

"Silah arkadaşlarım! Biz, düşmanın toplarına ve zırhlılarına karşı imanımızla çıkacağız. Şarapnellere ve mermilere göğsümüzü siper edeceğiz. Ve bütün dünyaya 'Çanakkale geçilmez' sözünü bir darb-ı mesel gibi söyleteceğiz."

"Çanakkale'yi geçirtmeyeceğiz" diyenlerle "mutlaka geçeceğiz" diyenlerin savaşı bu...

Avrupa bayram yeri gibi...

Başkentler süslenmiş, tarihî kiliseler silinip süpürülerek zafer âyinine hazırlanmıştır.

18 Mart 1915 akşamına kadar bu hava sürüyor. Tekmil Avrupa zafer müjdesi bekliyor.

Nihayet 18 Mart...

Mehmed Âkif rahmetlisinin "Kimi Hindu, kimi yamyam, kimi bilmem ne belâ" dediği kuvvetler karadan ve denizden saldırıya kalkıyor.

Çanakkale sırtları denizden, havadan ve karadan atılan bombalarla bir anda cehenneme dönmüştür.

Bu saldırılar bir kısmı çocuk yaşta, bir kısmı yedek subay 300.000 (son bulgulara göre 360.000) şehide mal olacaktır, ama Çanakkale geçilemeyecektir.

•••

Çörçil 18 Mart 1915 günü Avam kamarasında konuşurken, eline bir kağıt tutuşturuldu. Bunu zafer haberi sandığı için, kaldırıp milletvekillerine gösterdi:

"Bu not Çanakkale cephesinden geliyor, umarım kesin zaferimizin haberidir."

Ne var ki elinde İngiltere açısından felâket demek olan bir kağıt tutuyordu. Göz atar atmaz bunu anladı. Yüzü kıpkırmızı kesildi. Elini başına vurarak:

"Eyvah!" diye inledi, "bütün hesaplarımız alt-üst oldu, kaybettik, mahvolduk!"

Gerçek buydu... Osmanlı'yı mahvetmek için Çanakkale Boğazı'nı çelik gövdeli zırhlılarla tıkayan teknoloji mahvolmuştu. Avrupa'nın hesapları tutmamış, Osmanlı'nın bin yıl süre ile bayraktarlığını yaptığı İslâm'ı mahvetmek isteyenlerin emelleri bir kez daha kursaklarında kalmıştı.

•••

Bu millet o gün Çanakkale'de dönemin dev teknolojisini yendi!

Bu millet o gün tarihsel kimliğinde dirilişini gerçekleştirdi ve "hasta adam" kimliğinden sıyrılıp bin yıldır bayraktarlığını yaptığı inançlarının temel dinamiklerinde ayağa kalkmayı başardı. Ebedî varlığını bir kere daha dünyanın suratına haykırdı:

"Bugün varım, yarınlarda da var olacağım!" dedi.

Çanakkale zaferinin özü ve özeti budur.

•••

Mehmed Âkif mısralarında bu milletin varoluş emelini şöyle özetliyor:

Değil mi, cephemizin sinesinde iman bir,
Sevinme bir, acı bir, gaye aynı, vicdan bir;
Değil mi, sinede birdir vuran yürek.. Yılmaz!
Cihan yıkılsa, emin ol, bu cephe sarsılmaz.

•••

Şimdi Çanakkale zaferini tarihe yazan insanın yapısına, karakterine biraz yakından bakalım...

Bakalım, çünkü onlar bizim dedelerimizdi. Bakalım, çünkü sorunlarımızın temelinde Çanakkale insanını, o ebedî âbideyi kaybetmiş olmak yatıyor.

Öncelikle belirteyim ki, o insanlar Allah'a yakın insanlardı. Cephede, bombalar altında namaz kılacak kadar yakın... Savaşırken oruç tutacak kadar yakın... Her mermi sıkıda besmele çekecek kadar yakın...

Biliyorsunuz Birinci Dünya Savaşı'nda Almanlarla beraberdik. Çanakkale Cephesi Komutanı da Alman Mareşal Liman Von Sanders'ti. Sanders günlerden bir gün cepheyi teftişe geldi. Mehmetçikler önünde dizilmişti. Sıranın başındaki askere sordu:

"İyi savaşıyor musun?"

"Evet" dedi Mehmetçik.

"Peki niçin savaşıyorsun?"

Cevap, Mehmetçiğin Allah'a yakınlığını haykırıyor. Dedi ki:

"Allah rızası için."

Alman Mareşal Liman Von Sanders çarpıldı âdeta. Sırada dizili askerlerin en az on tanesine aynı soruları sordu ve bir birine yakın cevaplar aldı. Allah rızası için savaştıklarını söylediler. Sonunda mareşal, subaylarımıza döndü ve: "Bravo beyler," dedi, "yaptığı işi Allah için yapan evlâtları olan bir millet mahvolmaz."

O insanlar kararlı ve fedakâr insanlardı. Edremitli Seyit Çavuş, toplara mermi kaldıran mancınık bozulduğunda çaresizliğe teslim olmuyor, imkânsızlıktan kendi sağduyusu ve kararlılığıyla imkân çıkarıp her biri 250 okka çeken top mermilerini bütün gün sırtında taşıyarak, ellerinde zaten sınırlı sayıda bulunan toplardan birkaçının devre dışı kalmasını önlüyordu. Her fırsatta imkânsızlıkları ileri sürüp atılımı başkalarından bekleyen bizlere ibret olsun!

O insanlar cesur insanlardı. Yahya Çavuş, emrindeki son birkaç Mehmetçikle tam üç alay düşmana karşı bütün gün savaşıyor, son askeri şehit olmadan, savunmasına bırakılan tepeyi düşmana teslim etmiyordu.

Eski Çanakkale Valilerinden Nail Memik Bey, bu kahramanlık karşısında ağlıyor, bir dörtlük yazıp Yahya Çavuş ve arkadaşlarının mezar taşı yapıyordu:

Bir kahraman takım ve Yahya Çavuş'tular,
Tam üç alayla burda, gönülden vuruştular.
Düşman tümen sanırdı bu şahlanmış erleri,
Allah'ı arzu ettiler, akşama kavuştular.

Zaferi hak etmişlerdi. Allah da ihsan etti. Hepsi bu...
O insanlar yardımsever insanlardı. İngilizler esir aldıkları yaralı asker ve subaylarımızı canlı canlı denize atarken, bizim insanlarımız yaralı düşman askerlerini sırtında taşıyor, kaskatı kesilmiş peksimetinin yarısını onlara veriyordu.

O insanlar gerektiğinde sert, ama her zaman mert insanlardı. Savaşta bile hileye tenezzül etmezlerdi. Ahlâk dışı usuller kullanmazlardı. O kadar ki İngiliz komutanlar Avustralya'dan getirdikleri meşhur Anzak askerlerine gaz maskesi dağıtmak istediklerinde Anzak askerleri şu gerekçe ile maske istememişlerdi:

"Düşmanımız o kadar merttir ki, zehirli gaz atmaya tenezzül etmez."

Oysa aynı tarihlerde İngiltere Harbiye Nazırı Sör Vinston Çörçil, Gelibolu'ya yığdığı kuvvetlerine zehirli gaz kullanma emri veriyor, gerekçesini de şu şekilde açıklıyordu:

"Türkler insan sayılmaz, fare gibi zehirlemelisiniz."

O insanlar vatansever insanlardı. Bunun delili olarak size bir mektup aktaracağım. 18 Mayıs 1331 tarihini taşıyan bu mektup Çanakkale savaşları sırasında yaralanan bir subay tarafından kaleme alınmıştır. Şöyle diyor:

"Sebeb-i hayatım, feyz-ü refikim, sevgili babacığım ve valideciğim,

"Arıburnu'nda ilk girdiğim muharebede sağ yanımdan kurşun geçti. Hamd olsun kurtuldum. Fakat bundan sonra gireceğim muharebelerden kurtulacağıma ümidim olmadığından, bir hatıra olmak üzere, şu mektubu yazıyorum.

"Hamd ü senâlar olsun Cenab-ı Hakk'a ki, beni bu rütbeye kadar îsal etti. Siz de ebeveynim olmak dolayısıyla beni vatan ve millete hizmet etmek için ne suretle yetiştirmek mümkün ise öylece yetiştirdiniz. Sebeb-i feyz-ü refikim ve hayatım oldunuz. Sizlere çok teşekkür ederim.

"Şimdiye kadar milletimin bana verdiklerini bugün hak etmek zamanıdır. Mukaddes vatanî vazifemi ifaya cehd ediyorum. Şehadet rütbesine suud edersem, Cenab-ı Hakk'ın sevgili bir kulu olduğuma inanacağım.

"Sevgili babacığım ve validaciğim...

"Gözbebeğim olan zevcem Münevver ve Allah emaneti oğlum Nezihçiğimi evvela Cenab-ı Hakk'ın, saniyen sizin himayenize tevdi ediyorum. Onlar hakkında ne mümkünse lütfen yapınız. Oğlumun talim ve terbiyesi ile siz de refikamla birlikte sa'y ediniz. Şehadetimi duyduğunda refikam mutlaka çok müteessir olacaktır. Teselli ediniz. Mukadderat-ı İlâhiye böyle imiş deyiniz.

"Sevgili baba ve validaciğim...

"Belki bilmeyerek size karşı kusur işlemiş olabilirim. Beni affediniz. Lütfen hakkınızı helâl ederek ruhumu şâd ediniz. Bana, vatanın, uğruna ölünecek mukaddes bir değer olduğunu öğrettiğiniz için teşekkür ederim. Fatiha'larınız kabrimi nurlandıracaktır.

"Sevgili hemşirem, Lütfiyeciğim...

"Bilirsin seni pek severim. Buna rağmen belki sana karşı da kusur ettiğim olmuştur. Beni affet. Hakkını helâl et. Ruhumu şâd et. Yengen Münevver Hanımla yeğenin Nezih'e sen de yardımcı ol. Hepinizi Cenab-ı Hakk'ın lütuf ve himayesine tevdi ediyorum.

"Ey akraba ve ehibbâ ve eviddâ!

"Cümlenize elveda! Cümleniz hakkınızı helâl ediniz. Benim tarafımdan hakkım cümlenize helâl olsun. Ebediyen Allahaısmarladık.

"Sevgili babacığım ve validemiğim. Sakın üzülmeyiniz. Şehit babası, şehit anası olduğunuz için şükrediniz. Ebediyen Allahaısmarladık. (Oğlunuz Mehmed Tevfik)"

Bölük Komutanı Mehmed Tevfik Efendi bu mektubu fırsat bulup ailesine gönderemedi. Yarası iyileşir iyileşmez cepheye, iman ve vatan savunmasına koşmuş ve mektubunda yazdığı gibi şehit olmuştu. Mektup, ailesine gönderilen eşyalarının arasından çıktı. Şehit kanına bulanmıştı.

Onlar böyle oldukları için, Allah, Âl-i İmran Sûresi 123. âyetinde vaat ettiği yardımını gönderdi. "Şayet sabreder, Allah'tan korkarsanız ve düşmanlarınız da hemen o anda üzerinize gelirse, Rabbiniz, işaretlenmiş beş bin melekle size yardım eder."

Size şimdi Anzak askerlerinden 4/165 künyeli istihkâm eri Frederik Rişard'ın hatıralarından birini aktaracağım.

Frederik Rişard şöyle bir hatırasını naklediyor:

12 Ağustos 1915 günü taarruza kalktık. 163. Tümen'imiz her bakımdan üstün dövüşürken çok garip bir şey oldu. Berrak gökyüzünde birden somun ekmeği biçiminde altı veya sekiz beyaz bulut belirdi. Rüzgar olmasına rağmen, bulutlar, 60 rakımlı tepenin üstünde hareketsiz duruyordu.

"Bulut kümesinin tam altına gelen yerde, toprağa yakın bir bulut daha belirdi. Yaklaşık 250 metre uzunluğunda, 65 metre yüksekliğinde idi. Oldukça yoğun görünüyordu. Katı bir madde gibiydi. Ve İngiliz birliklerinin sadece 100 metre kadar uzağında bulunuyordu.

"O sırada 4. Norfolk Taburu 60 rakımlı tepeye doğru hücuma kalkmıştı. Tepenin Türklerden alınması an meselesiydi. Bizimkiler doğruca bulutun içine girdiler. Son erine kadar görüyordum. Nihayet hepsi bulutun içinde kayboldu. Hepsi gözümden silinince, bulut, sanki yükünü almış gibi ağır ağır yükselmeye başladı. Diğer bulutlarla birleşti ve kuzeye doğru uzaklaştı.

"Bir daha 4. Norfolk Taburu'ndan hiç kimse haber alamadı. Tek bir eri ya da subayı geri dönmedi. Sır oldular."

Allahu Teâlâ'nın, Âl-i İmran Sûresi'nin 123. âyetindeki vaadini yeniden hatırlayalım:

"Şayet sabreder, Allah'tan korkarsanız ve düşmanlarınız da hemen o anda üzerinize gelirse, Rabbiniz, işaretlenmiş beş bin melekle size yardım eder."

Yardımın iki şartı var: Sabretmek ve istemek...

"İsteme"nin özünde ise olumsuz şartlara teslim olmadan elden geleni yapmak yatıyor.

Onlar imkânsızlıklara sığınmadılar, şartlara teslim olmadılar, ellerinden geleni yaptıktan sonra Allah'a iltica ettiler ve imkânsızı başardılar.

Önce zaferi hak etmek lâzım.

SULTAN VAHİDEDDİN

SULTAN VAHİDEDDİN, tüm Osmanlı tarihinin belki de en çok tartışılan padişahıdır. Ona "hain" diyen vardır, "âlim" diyen vardır, "zalim" diyen vardır...

Kimilerine göre İstiklal Savaşı'mızın gerçek organizatörü, kimilerine göre İstiklal Savaşı'mızı akamete uğratmak için kurulan "Yeşil Ordu" düşüncesinin mimarı...

Anlayacağınız iki arada bir derede kalmış bir padişahtır, Sultan VI. Mehmed Vahideddin...

Bu da normal... Zira yakın tarihimiz, tarihsel zeminde değil, "siyasal zemin"de tartışılıyor. Ve öyle bir hava veriliyor ki, Sultan Vahideddin haklı çıkarsa Mustafa Kemal haksız çıkacak, Sultan Vahideddin haksız çıkarsa, Mustafa Kemal haklı çıkacak...

Bu anlayış içinde, kitleler "Atatürkçüler" ve "Vahdettinciler" diye bölünüyor! Sonra da taraflar başlıyorlar yeni bölünme odakları icat etmeye: Laikler-şeriatçılar... Cumhuriyetçiler-hilafetçiler... Çağdaşlar-mürteciler, vesaireler...

Tabii bu son derece yapay bir bölünme: Yıllardır yapay bölünmelerde gerçek kavgalar üretiyoruz. Sonuçta hayatı kaçırdık, çağı ıskaladık ve Kıbrıs Rum Kesimi'nin bile gerisinde kaldık.

Yani yapay bölünmelerde ürettiğimiz gerçek kavgaların faturası çok ağır oldu. Tarihi yapan insanları tokuşturarak, güç, ideoloji ya da şahsî gelecek inşa etmeye çalışanlar, hepimize büyük zararlar verdiler.

Halbuki tarih bir bütündür ve içindeki tüm isimler tarihimizi inşa eden isimlerdir. Tarihçinin, takım tutar gibi, bunlardan bazılarını tutup bazılarını tutmaması, bazılarına dost bazılarına düşman olması ve onları kullanarak hayatla kavgaya oturması diye bir şey olamaz. Bu tarihçinin görevi değil, yalnızca ideoloji simsarlarının işlevidir! Biz hayata ve tarihe belgelerin ışığında bakmakla mükellefiz.

Sultan Mehmed Vahideddin, 4 Temmuz 1918 tarihinde atalarının tahtına oturdu. Daha tahta oturduğu gün, Birinci Dünya Savaşı'nın korkunç sonuçlarıyla karşı karşıya kaldı. Aradan dört ay bile geçmeden uğursuz Mondros Mütarekesi imzalandı (30 Ekim 1918). Ardından Osmanlı toprakları İtilaf Devletleri tarafından işgal edilmeye başlandı...

Kasım 1918'de İngiliz ordusu Musul'a girdi. 1920 yılının 16 Mart'ında da, Müttefik Donanması İstanbul'u işgal etti. Yunanlılar İzmir'e, İtalyanlar Güneybatıya, Fransızlar da Güney Anadolu'ya girdiler. Osmanlı Ordusu ortadan kaldırıldı. Silahları depolara kilitlendi, kapılara İngiliz nöbetçiler dikildi...

Yalnızca, Padişah'ın şahsını korumak için, yedi yüz kişilik "Maiyyet-i Seniyye Kıtası" silahlıydı. Onu da, Padişah, Ayasofya çevresine mevzilendirip, Ayasofya'ya çan takmaya kalkışacak (böyle bir söylenti çıkmıştı) İngiliz askerlerine karşı camiyi savunmalarını emretti. Belli ki, Padişah, Ayasofya'nın "cami" kimliğinin korunmasını, kendi varlığının korunmasından daha fazla önemsiyordu.

Başta İstanbul olmak üzere tüm ülke, "işgal"in yakıcılığını ve yıkıcılığını yaşamaya başlamıştı. (Şunu vicdan borcu olarak hemen belirtmeliyim ki, Başkent İstanbul işgal edildikten sonraki gelişmelerden Padişah'ı sorumlu tutmak haksızlık olur. Çünkü her hareketi kontrol ve müthiş bir baskı altındadır. İngiliz donanmasının tüm toplarını saraya yöneltmiş olarak Dolmabahçe'de demirli olduğunu unutmayalım. Buna rağmen Sultan Vahideddin, Anadolu'nun galip devletler arasında bölüşülmesini öngören Sevr Antlaşması'nı imzalamamıştır.)

Padişah, işgal altındaki İstanbul'dan vatanın kurtarılmayacağını biliyordu. Bu yüzden Anadolu'ya gitmeyi düşündü, ancak İngilizler, Anadolu'ya geçip bir hareket başlatması halinde İstanbul'u Rumlara teslim edeceklerini söylediler.

Bu katliam demekti. Böylece Anadolu'ya geçme fikrinin önü tıkandı. O da güvendiği komutanları Anadolu'ya göndermeye karar verdi. Almanya ve Avusturya seyahatinde kendisine eşlik ederken yakından tanıdığı yaverlerinden Mustafa Kemal'i bu karar çerçevesinde saraya çağırdı ve dedi ki: "Paşa Paşa! Şimdiye kadar devlete çok hizmet ettiniz. Bunları tarih yazacak. Ama asıl şimdi yapacağınız hizmet hepsinden mühim olabilir: Siz devleti kurtarabilirsiniz! Cenab-ı Allah muvaffak etsin." (Osmanlı arşivlerinden başka, kendisi de bir "Atatürkçü" olan araştırmacı Murad Bardakçı'nın yayınladığı "Şah Baba" isimli eser de konuyu bu şekilde aktarıyor.)

Masrafları için bir miktar para verdi, İşgal Kuvvetleri'nden izin aldı ve "Çürük müydü, sağlam mıydı?" tartışmalarında kavgalar ürettiğimiz meşhur "Bandırma Vapuru"yla Anadolu'ya gönderdi. Böylece İstiklal mücadelesinin temeli atılmış oldu.

İstiklal Savaşı zaferle sonuçlandıktan sonra, Türkiye Büyük Millet Meclisi hükümeti, 1 Kasım 1922'de Hilafet ile Saltanat'ın ayrıldığını ve Saltanat'ın kaldırıldığını bir kanun ile kabul ve ilan etti.

Vahideddin Han'ın adı hutbelerden kaldırıldı. İstanbul ve Anadolu basınında aleyhinde çok sert yazılar çıkmaya başladı.

Bu arada kendi nâzırlarından ve meşhur Osmanlı gazetecilerinden Ali Kemal Bey, bazı kimseler tarafından İzmit'e kaçırılarak linç edildi. Bu olay, Sultan Vahideddin'in Ankara'daki havayı sezmesine yardımcı oldu. Ankara, Saltanat'ın devamını arzulamıyordu. Esasen dünyanın gidişatı da bu yönde idi.

Bu durumda Sultan Vahideddin, hem yeni kurulacak olan Cumhuriyet'e zorluk çıkartmamak, hem de öç alma sendromuna düşenlerin elinden "Halife" sıfatını korumak için, 17 Kasım 1922'de, "Malaya" isimli bir İngiliz savaş gemisiyle İstanbul'u terk etti.

Zaten 5 Kasım 1922'de Ankara'da 101 pâre top atılarak Saltanat kaldırılmış, o andan itibaren Sultan Vahideddin'in padişahlığı sona ermişti. Bu durumda yurtdışına kaçan "Sultan Mehmed Vahideddin" değil, "Vatandaş Vahideddin"dir!

İlk durağı Malta oldu. Oradan Melik Hüseyin'in daveti üzerine Mekke'ye gitti. Hicaz ve Mısır'a uğradıktan sonra, İtalya'nın San Remo kentine yerleşti. Kiraladığı bir villada, yakın maiyetiyle yaşamaya başladı.

O sırada, eski dostu İtalya Kralı Emanuel, Padişah'a bir yaveri aracılığıyla şu teklifi yaptı:

"Ülkenin muhtelif yerlerinde saraylarımız var. Zat-ı Âlilerinin ikameti için, nerede oturmak istiyorlarsa, orada derhal bir saray verilecektir. Ayrıca, yüksek müsaadeleriyle, Zat-ı Şahane'nin emrine her ay takdir buyuracakları miktarda bir meblağ tahsis edilmiştir."

Sultan Vahideddin bu teklifleri münasip bir lisanla ve teşekkür ederek reddetti...

Oysa yurt dışına çıkarken, emrinde hazineler olduğu halde, şahsî parasının ve hanedan armasının dışında tek kuruş almamış, (bu konuda muhalifleri iftira atmaya bile cesaret edemediler) okumak üzere hazine dairesinden aldığı kıymetli bir kitabı dahi makbuz mukabili iade ettikten sonra yurt dışına çıkmıştı...

Millet malına bu kadar hassastı... Bu hassasiyeti yüzünden kısa süre içinde parasız kalacak, hanedan armasının üstündeki kıymetli taşları söküp sattırarak bir süre daha yaşayacak, böyle bir zaruret içinde yaşarken bile İtalya Kralı'nın teklifine benzer tüm teklifleri geri çevirecekti.

Kendi iç dünyasında hâlâ "Müslümanların Halifesi ve Osmanlı Padişahı" unvanlarını taşıdığı için, kimseden karşılıksız bir ikram kabul edemeyeceğine inanıyordu.

Bir gün, para işlerine bakan Fahri Bey, bu tavrını eleştirdi:

"Bu kadar ikramı reddediyorsunuz. Herhalde mutfağınızda kuru soğan dahi kalmadığını bilmiyorsunuz" dedi. Bunun üzerine Sultan Vahideddin ağlamaklı oldu:

"Fahri Bey," dedi, "maiyet-i saniyemde bulunmaya mecbur değilsiniz. Bu hayat size zor geliyorsa ayrılınız. Ben Müslümanların Halifesi sıfatıyla bir gayr-i müslim hükümdarın ihsanını kabul edemem."

16 Mayıs 1926 tarihinde San Remo'da vefat ettiğinde şehrin kasaplarına, bakkallarına ve sair mağazalarına

önemli miktarda borçları vardı. Alacaklılar, Padişah'ın öldüğünü duyunca koşup alacaklarını istediler. Aksi gibi hiç kimsede borçları ödeyecek kadar para yoktu. O zaman da cenazesini haczettiler...

Bu, sözün tam manasıyla bir hicran ve hüsran sayfasıdır!

Hatası sevabıyla Osmanlı Devleti'ni yönetmiş bir "Halife-i Rû-yi Zemin"in cenazesi, gurbet ellerde ortada kalmıştı. Çocukları hıçkırarak ağlaşırken, ona ücretsiz hizmet eden adamları, derin acılarını içlerine atarak, para bulmak için sağa sola koşturuyorlardı.

İsteseler elbette İtalya hükümetinden gereken parayı alabilirlerdi, ama gayr-i müslimlerden sağlığında almadığı yardımı, ölümünden sonra alarak ruhuna ihanet edeceklerini düşünüyorlardı.

Başka çare kalmayınca, arka kapıdan cenazeyi kaçırdılar. Selahaddin Eyyûbî Türbesi'ne defnetmek üzere, vasiyeti gereği Şam'a götürdüler. (Daha sonra Suriye ve Mısır Müslümanlarından toplanan parayla Padişah'ın borçları kuruşuna kadar ödendi.) Ama adı geçen türbede yer kalmadığından, Yavuz Sultan Selim Camii haziresine defnedildi.

Öldüğü güne kadar, gelip giden herkese Türkiye'den haberler soruyor, Cumhuriyet'in kurucuları hakkında ileri geri konuşmaya yeltenenleri sert bir hükümdar bakışıyla susturup "Onlar bizim paşalarımızdır, gıyaplarında konuşulmasını arzu etmeyiz" diyor, "Saltanat ve sarayın yıkılması önemli değildir, önemli olan milletin kurtulmuş olmasıdır" şeklinde konuşup şükrediyordu.

Bugünkü Cumhuriyet Türkiyesi'ne yakışan, Sultan Vahideddin'den Şair Nazım Hikmet'e kadar, gurbette kalan değerlerini anayurda getirip defnetmek, böylece onların şahsında kendi varlığına sahip çıkmaktır.